大学生教育管理的创新与实践研究

刘 佳 卢文龙 陈科冰◎著

吉林出版集团股份有限公司

图书在版编目（CIP）数据

大学生教育管理的创新与实践研究 / 刘佳，卢文龙，陈科冰著. — 长春 : 吉林出版集团股份有限公司，2021.11

ISBN 978-7-5731-0663-6

Ⅰ. ①大… Ⅱ. ①刘… ②卢… ③陈… Ⅲ. ①大学生－教育管理－研究 Ⅳ. ①G647

中国版本图书馆 CIP 数据核字 (2021) 第 234840 号

大学生教育管理的创新与实践研究

著　　者　刘　佳　卢文龙　陈科冰
责任编辑　陈瑞瑞
封面设计　林　吉
开　　本　787mm×1092mm　1/16
字　　数　220 千
印　　张　9.75
版　　次　2021 年 12 月第 1 版
印　　次　2021 年 12 月第 1 次印刷

出版发行　吉林出版集团股份有限公司
电　　话　总编办：010-63109269
　　　　　发行部：010-63109269
印　　刷　北京宝莲鸿图科技有限公司

ISBN 978-7-5731-0663-6　定价：78.00 元

前　言

随着国家的不断发展，社会主义进入了新的快速发展时期，高等教育体制也在不断改革中迅猛发展。高校体制的改革使高校大学生数量在不断增加。在当今社会快速发展的重要阶段，社会需要的不仅仅是高学历、高知识储备的大学生，而是德智体美劳全面发展的现代化人才。如何做好学生工作、如何把他们培养成德智体美劳全面发展的社会主义建设者和接班人需要我们不断探索新的途径。习近平总书记在纪念五四运动100周年大会上的讲话中提到，要勉励新时代中国青年建功立业，同时希望新时代青年要向着有理想、有本领、有担当以及高品德修为的现代化人才方面发展。青年是社会中最积极、最有朝气的力量，青年一代的发展影响着国家的前途与希望。

随着社会的发展，当今家庭条件得到了质的飞跃。因为家庭条件的改善以及社会的多方面隐形诱惑，致使当代学生价值观念出现了多元化的现状。他们注重自我发展、注重自我素质的不断完善、注重自己个体和社会价值感，并且希望能够得到个体和集体的认同，在人生价值标准上慢慢向个体化转移。虽然在工作中能够认同奉献精神，但要与物质财富联系在一起，在人生价值评价上趋向实用性。在个人发展中志向远大、注重自我奋斗但又害怕艰难困苦。关心社会以及国家发展，却又总想找份安稳清闲的的工作。有时会好高骛远，经常高估自己的能力，缺乏社会经验以及交际的磨炼，在人生价值实现上呈现多元化。

根据国家政策以及社会的实际情况，大多数的家庭都是独生子女。虽然随着国家的不断进步，社会发展越来越好，人民的生活得了很大的改善，但是父母这一辈人都是从贫苦过来的，宁愿自己多吃点苦，也不让自己的子女多受一点累，孩子大多数事情基本都是由父母操办、缺乏锻炼。

大学阶段相对于高中来说，从“约束”变为了“自主”，大家的空闲时间更多了，而互联网的快速发展，更是拓宽了大学生学习的空间和日常的生活空间。随着移动互联网与智能手机出现在学生身边，不少学生的自控能力较差，处处遭受着网络的津染。比如，网络学习、网络社交以及网络消费等一些网络行为，而这些行为慢慢地侵蚀学生的日常生活。互联网虽然方便了学生，但是也让学生减少了很多现场的沟通，让一些同学变得更加胆怯、更加孤立。但网络的益处也是挺多的，让有的同学思维更加活跃了、接触的事物多、创新意识增强；还有的同学能够利用网络排忧解难，让自己变得更加开朗。

作　者

2021年3月

目录

第一章　大学生教育管理的理论研究……1

第一节　大学生教育管理方式的转变……1

第二节　新公共服务大学生教育管理……5

第三节　传统文化与大学生教育管理……10

第四节　从严从实做好大学生教育管理服务……13

第五节　儒家入世思想对大学生教育管理工作的启示……18

第六节　大学生教育管理“抓两头”与“抓中间”……22

第二章　大学生教育管理的创新研究……25

第一节　大数据与大学生教育管理……25

第二节　微时代下大学生教育管理……28

第三节　“三位一体”大学生教育管理……36

第四节　新媒体背景下大学生教育管理……39

第五节　“互联网 +”时代大学生教育管理……42

第六节　柔性管理理念下的大学生教育管理……47

第三章　大学生教育管理模式研究……51

第一节　城市型大学生教育管理模式……51

第二节　少数民族大学生教育管理模式……55

第三节　高校贫困大学生教育管理模式……60

第四节　大学生党员继续教育管理模式……63

第五节　大学生“四自教育”管理模式……66

第六节　大学生自我教育管理服务的创新模式……69

第四章　大学生教育管理制度研究……74

第一节　大学生参与教学管理的制度……74

第二节　高校大学生党建教育管理制度……76
第三节　大学生教育管理中学生会管理制度……78
第四节　双创背景下大学生教育管理制度……82
第五节　自治教育理念与大学生自治管理制度……85
第六节　大学生素质教育的困境审视与制度……90
第七节　高校教育管理制度人性化管窥……97
第五章　新媒体环境下高校教学管理……100
第一节　新媒体对高校教育教学管理带来的冲击……100
第二节　新媒体时代高校教学管理体系改革……104
第三节　新媒体环境下教学档案管理……106
第四节　新媒体时代探究式公共管理案例教学……109
第五节　新媒体的实践教学过程管理和质量考核……112
第六节　新媒体背景下高校多媒体教室的管理……118
第七节　高校新媒体建设管理办法……122
第六章　大学生教育管理的实践应用研究……125
第一节　情感激励在大学生教育管理中的应用……125
第二节　非正式奖励在大学生教育管理中的运用……128
第三节　“蝴蝶效应”在大学生教育管理中的应用……131
第四节　大学生党建教育管理制度的构建与应用……135
第五节　同侪示范在大学生教育管理中的应用……137
第六节　小组工作模式在大学生教育管理中的应用……141
第七节　项目管理理论在大学生创新教育项目中的应用……144
参考文献……147

第一章　大学生教育管理的理论研究

第一节　大学生教育管理方式的转变

我国高等教育已进入后大众化阶段，即将步入普及化阶段，这不仅意味着我国高等教育在数量和规模上的扩张，同时意味着大学生个体和群体特点的巨大变化。正确认识新形势下大学生的新特点，正视高校学生教育管理工作存在的问题，积极转变教育管理方式方法，是高校学生教育管理工作的必然选择。

2018 年，我国各类高等教育总规模达到 3833 万人，高等教育毛入学率达到 48.1%，中国高等教育稳步迈入高等教育后大众化阶段，并即将向普及化发展。高等教育后大众化既不同于精英教育，也不同于普及教育，不仅仅意味着高等教育规模的进一步扩张，更意味着高等教育系统外部和内部的深刻变化，再加上社会的快速发展和网络的普及，使高等教育发展呈现出阶段性的特征，大学生群体呈现众多与高等教育精英和大众化阶段所不同的新特点，传统的教育管理方式无法完全适应这些变化。正确认识这一阶段大学生的新特点，正视大学生教育管理工作存在的问题，积极转变教育管理方式方法，是高校学生教育管理工作的必然选择。

一、当代大学生的新特点

（一）价值追求的个性化

当前，高校在校大学生多出生于 2000 年前后，“00”后也于 2018 年秋季入学后正式作为一个群体进入大学校园。当代大学生成长于中国经济和互联网高速发展时期，物质生活富裕，成长环境优越，信息高度发达，网络普及程度高，从小受到良好教育，知识丰富，思维活跃，充满自信。丰富的物质生活和优越的成长环境使他们的个性得到充分发展。他们所处的时代文化变得更加多元，受外界环境影响也更为明显，突出表现在他们的人生规划中更加注重自我情感体验和价值实现，价值追求更加多元，更富个性化。调查数据表明，当代大学生更加关注个人层面的价值目标，排在前 10 位的分别是身体健康、家庭和睦、事业成功、心情舒畅、独立自主、舒适生活、真诚友谊、纯真爱情、多彩生活和美满婚姻，更多的是关注与个人健康和幸福有关的问题，而与国家和社会层面有关的价值目标，如国家富强、社会稳定、奉献社会等则排到了第10位以后，表明当代大学生更关注小我价值目标而不是大我价值目标，这有别于20世纪末的大学生。

（二）学习方式的自主化

进入后大众化阶段，大学生原有的学习方式发生了跨越式的变化，他们拥有更多个性化选择的权利，可以自主选择学习时间，可以休学创业、参军入伍、出国交流、提前毕业等。学习的途径也不再局限于传统的课堂学习。通过网络完成学习任务的比例必将逐步提高。近年来，各种网络学习平台如雨后春笋般兴起，以“慕课”为代表的网络教育，使跨学校、跨区域甚至跨国家的教育方式成为可能，拓展和丰富了大学生的学习渠道，更方便了学生的自主学习。学习时间也不再是标准的4年，可以是3年或更长的时间，学生何时开始学习、学习多长时间都可以根据个人情况灵活掌握。例如，西北大学全面施行“完全学分制”，2018级新生学习年限变为3 ~ 6年，在校期间可享受专业自主选择机制，可定制个性化学习计划，自由选择学习专业、课程、教师。

（三）生源结构的多样化

在精英和大众化教育阶段，绝大多数大学生的年龄相当，学习经历相当，多是完成中等教育后进入高等教育，基本没有工作经历。进入后大众化阶段，这种情况发生了巨大改变，大学生的学前经历不再是精英和大众化教育阶段那样单纯的学校教育历程，他们学习经历的个性化更加明显，生源结构更加多元、复杂。大学生源拓宽至各类往届毕业生、休学创业、退伍复学、具有各类中学毕业资格的成年人甚至老年人，非传统生源的年龄跨度将明显大于传统生源，生源结构呈现出多样化的趋势。

（四）生活方式的网络化

当代大学生可以说是“衔着鼠标出生的一代”，他们对互联网的接受与依赖程度远远超过以往任何一代大学生。根据中国互联网中心发布的第42次《中国互联网络发展状况统计报告》，截至2018年6月，我国网民规模为8.02亿，其中学生群体占比最高，为24.8%。快速发展的信息技术、低廉的价格和遍布校园的网络为大学生随时随地上网提供了极大方便。调查显示，17.4%的大学生每天上网时长超过6小时，27.1%的大学生每天上网时长为4 ~ 6小时，42.9%的大学生每天上网时长为2 ~ 4小时，且大学生每天上网时长呈现逐年增加的趋势。网络已经融入了大学生获取信息、人际交往、消费等生活的各个方面，成为大学生的主要信息来源、新的精神寄托和日常生活重心。

二、高校学生教育管理工作存在的问题

（一）重视目标管理，轻视过程管理

在学生教育管理中实行目标管理能调动学生组织、学生干部和学生的积极性、主动性和创造性，有利于培养学生的责任意识，目标管理在高校学生教育管理中得到了广泛应用。

但是，各高校在学生目标管理过程中，学校与学校各职能部门、各职能部门与二级学院、二级学院与辅导员甚至学生组织之间层层制定目标，使得管理者将工作重心更多地放在了目标的实现上，而忽视了对学生成长过程的关注。目标管理重视结果，强调自主、自治和自觉，这种管理模式在精英乃至大众化教育阶段有着非常积极的作用，但在后大众化教育阶段，由于招生制度改革、教育教学内容和人才培养方式的改革、学制的改革以及学生特点和社会环境的巨大变化，重视目标管理、轻视过程管理的管理模式已经无法适应学生培养的需求。

（二）重视共性教育，轻视个性培养

高校的学生教育管理重视共性教育、轻视个性培养表现在三个方面：一是过分追求整齐划一。统一的教育培养目标、统一的教育方式、统一的教育内容扼杀了学生的想象力和创造力，使学生的思维方式、知识结构等雷同，无个性可言。二是对学生的评价方法简单。高校对学生的评价以知识评价为主，简单地以学科成绩作为评价内容，以班级或年级为评价单位，并以该群体的他者为评价中心，忽视了学生历史性的、纵向的自我提升，忽视了学生个体差异，不利于学生发展性品质的提升。三是学生应有的权利没有得到尊重和保障。高校大多以各类刚性的规章制度、奖励和惩罚、综合测评等措施对学生进行规范教育管理，而在此过程中，学生作为教育对象没有参与制定规范的机会和权利，仅仅是被执行者。

（三）重视专业教师队伍建设，轻视辅导员队伍建设

专业教师对一所大学的作用不言而喻，尤其是“双一流”建设背景下，专业教师的作用尤为突显。因此，高校都非常重视专业教师队伍建设，从人、财、物等各方面予以大力支持。而与此相反的是辅导员队伍建设却并未受到足够重视：一是数量不足。教育部要求高校设置辅导员的师生比不得低于 1 ∶ 200，但是，很多高校尤其是地方高校远远达不到此标准。二是政策执行不到位。中共中央、国务院和教育部为加强辅导员队伍建设，出台了完善的政策体系，但是，高校在制定内部政策时往往把大量的资源投向学科建设、办学规模、科研究等部门，却对辅导员队伍建设政策执行不到位。辅导员队伍建设政策执行的督导检查或测评结果与教育资源配置少有关联，导致辅导员队伍建设政策执行的权威资源运用不足，缺乏刚性制约。三是待遇低，任务重。突出表现在职称评聘、职务晋升和收入等方面不如同期进校的教师，从而导致了辅导员工作上的积极性不足，而又因整天忙于事务性工作，一定程度降上低了职业认同感。

（四）重视管理工作，轻视服务工作

对学生依法进行管理，是高校应有的职责，也是依法治校的重要内容。高校历来重视学生管理工作，机构健全，管理制度严格，但是，对学生的教育管理往往是自上而下的、绝对权威的信息灌输，在事关学生政策的制定和执行过程中，管理者总是处于管理的中心，管理方法简单、粗放，很少真正和学生沟通，认真听取意见。虽然高校也时常强调“服务育人”的理念，但总是说得多、做得少，更多的还是以管理代替服务，没有真正把解决思

想问题与解决实际问题相联系。尤其在个性化服务方面还存在不小的差距，体现在不尊重教育对象的差异性，对不同教育对象实施相同的教育管理方案和激励机制等，从而无法调动教育对象的积极性。

三、大学生教育管理方式的转变

（一）管理理念：从目标管理到过程管理

过程管理是现代组织管理学中的一个基本概念，过程管理理论认为，不能只盯着目标向结果要质量，更应该关注产品生产的每一环节与每一过程。对大学生教育管理而言，过程管理需要注意以下两个方面：一是学生培养目标的准确定位。即根据学生特点，制定符合其自身发展特点的总目标和为实现这一总目标奠基的各阶段小目标。当前，各高校多在全国范围内招生，由于学生成长背景不同，素质差异较大，每个学生的成长期望值也不一样，因此，在制定具体培养目标时应做到因人而异。二是适时进行过程指导。即根据大学生的特点，不只关注其成才结果，更关注其成长过程，通过有针对性地教育指导和过程评价，形成阶段性目标评价和信息的及时反馈相结合的目标评价体系，达到预期培养目标。

（二）管理方法：从集中统一到个性发展

与精英和大众化时代相比，后大众化时代，学生个体的差异性更大，高校必须改变过去过于强调集中统一的管理模式，真正做到“以生为本”。一是要真正尊重学生的个性发展，充分发挥其主动性和创造性，使其变被动学习为主动学习，着力培育其主体意识、怀疑精神、批判思维和创新精神等，从而激发每一个学生独特的聪明才智和创造能力。二是要尊重个体的差异，确立多元化的培养目标，力求对学生进行多维度评价，构建有利于个性发展的评价机制。要重视和了解学生的入学动机、学习目的和学习需求，根据办学定位因材施教，着力培养学生的综合能力和创新精神。三是要保障学生应有的权利，如获得奖学金、贷学金以及助学金的权利、公正评价权、知情权和申诉权等基本权利，保障学生参与学校治理的权利以及其自主选择权利。

（三）管理重心：从管理育人到服务育人

在国内，一谈到服务育人，人们都习惯性认为这是后勤保障部门的事。事实上，服务育人是学生教育管理者的重要工作内容。在美国，大学学生事务管理的内容十分丰富，不仅包括常规的后勤保障与帮扶工作，而且许多服务内容是针对需要帮助的学生量身定做，细致、周到、具体、温馨、灵活、管用，深受学生欢迎。英国的学生事务管理部门弱化“管理”的概念，把学生当“顾客”，围绕“顾客”的需求提供他们所需要的“服务”。当前，管理者要切实转变工作重心，将以“管”为主变成以服务为主。一是要树立以学生为中心，为学生发展提供优质服务的理念，构建全方位的学生服务体系，提供丰富多元的服务内容，满足不同学生合理的个性化需求。二是要建设一支热心为学生服务、高效精干、敬业奉献的专业化队伍，切实落实《加强和改进新形势下高校思想政治工作的意见》精神，关心队伍建设，确保优秀人才进得来、留得住、发展得好。三是加强硬件建设，为服务好学生提供可靠的物质保障。例如，提供良好的学习环境、生活环境、体育设施，设立“一站式”服务大厅等，为学生提供及时便捷的服务，真正让服务育人落到实处，让学生在潜移默化中受到教育。

（四）管理手段：从单向灌输到多元互动

当代大学生个性张扬、渴求表达，对于单向的教育管理权威具有本能的反叛，对学生的单向灌输必须变为多元互动：一是在各类规章制度、奖惩措施的制定上要根据教育部要求，做到与学生互动，尊重学生的主体地位和主观能动性，充分反映学生意愿和汇集学生智慧。二是在与学生的交流沟通方式上要多元互动。学生教育管理要适应形势的变化，不断推陈出新，要用学生喜闻乐见的形式、途径进行沟通。三是管理过程的多元互动。当代教育管理过程就好像是一张立体互动的网络，由一个个的网结组成，而这一管理过程中的管理者、被管理对象、管理上下级及其他各层的任何一方都是该网络中的一个网结，所有网结间都要有互动沟通关系和沟通过程。这种互动过程，可以有效调动管理各方的力量，将各方融为一体，使彼此都成为管理的主人、参与者和完成者。

第二节　新公共服务大学生教育管理

新公共服务理论所强调的是以服务公民为核心基础上的社会公共利益，追求的是人的价值、对人的尊重和公民的权利问题，重视的是在市场和经济学范畴下带来的社会公共行政的理念和实践，其理论将对学生教育管理有着积极的启示，为大学生教育管理提供了新的视角和方法。新公共服务理论的应用将有利于改变学生管理原有的制度化、程式化的弊端，有利于调动大学生的主观能动性及创新创造性，有利于突显高校学生教育管理过程中学生的尊严、价值和权利问题。

我国现行高等教育管理体制是在高度集权的计划经济体制下建立起来的一种“行政管理体制”，随着社会的快速发展和体制的不断完善，当代高校大学生的教育管理实现参与主体多元化、教育过程人性化、教育管理手段现代化势在必行。本节基于新公共服务的理论及策略来探讨我国当代高校大学生教育管理工作，以改变传统的教育管理方式方法、提高教育管理的实际效果。

一、新公共服务理论的基本内涵

20 世纪七八十年代，新公共管理理论产生以后，成为当时社会公共行政领域最为重要、最引人关注的理论，但在具体应用过程中，以罗伯特·丹哈特为代表的一批美国公共管理学家对公共管理理论的模式，以及它所倡导的管理者角色逐渐产生担忧和怀疑，在对新公共管理理论进行深刻反思之后，提出了一个新的理论——新公共服务理论。新公共服务理论是在原有的公共管理理论基础上进行的完善，提出了很多创新性的观点和方法，它成为后公共行政理论的主要内容。新公共服务理论强调的人的价值、社会效能和公共利益，给管理科学界提供了一个全新的视角。新公共服务理论学术视野宽阔、理论创新独到，自新公共服务理论面世之后，便在理论界、公共行政业界产生了深远而广泛的影响。从价值角度看，新公共服务将公共行政治理系统中的核心定位在公民的公民权和公共利益上，摒弃了“效率优先”的基本准则，为现代公共行政指明了新的发展方向。新公共服务理论的具体内容大致可分为四个方面。

其一，新公共服务理论认为，政府与公民之间的关系，不同于市场经济体系下的企业与顾客之间的关系。其公共行政的对象是公共行政直接面对的“公民”，决不能把公民当成“顾客”，一味地回应并满足“顾客”的需求，而应去建立“公民”间的合作与相互联系。其公共行政的方式是服务，更强调的是服务于公民，而且是为公民提供优质的服务。新公共服务理论的核心是社会公民的共同利益，而不是指每一个公民利益的简单相加。公共行政所关注的重点是公民以及在公民间所构建的合作和信任关系，开创的是公民通力合作的新局面。

其二，新公共服务理论认为，公共行政重要的是公民权，目标是社会公共利益，且公民权和社会公共利益都要一并纳入社会整体发展去考虑。传统的公共行政主要靠的是官僚专长，新公共管理理论的公共行政更加注重企业家精神，新公共服务的公共行政更加强调的是公民权，三者截然不同。新公共服务理论还认为，充分展示社会公共利益是文明社会的应有标志，作为一名管理者需要把公共利益作为自己立身行事的出发点，绝不能忽视公民的基本权利，要求最大限度地增强公民的民主治理和政策参与等各方面的能力。实现公共利益需要有一个共同的价值理念，使分散的个体在大家均已认同、并已化为自觉行动的公共价值观影响下形成一个社会共同体，同时需要社会成员承担起社会的共同责任，最终实现社会的公共利益共享，继而使社会公共性和凝聚性得到更好的发展。推进并实现社会公共利益的过程，一定要与大家所遵循的价值标准充分结合，形成浓厚的公民公共意识，进而促进公民共同参与公共事务，实现公共行政效率最大化。

其三，新公共服务理论的公共行政主要任务是服务，强调的是社会服务和社会公共性的推动，体现的是公共性和服务性。可以说，服务是公共行政的主要任务，社会公共性的推动是其主要责任。公共行政务必须考虑社会更好的发展如何通过公民权的强化来推进，如何通过构建公共价值来统一公民共同利益集体行动。政府是服务而不是去把控社会发展，这是新公共服务理论特别强调的内容。尽管政府在过去公共行政过程中，在把控社会发展方面发挥了非常重要的作用，但随着社会的发展，首先从公共政策的制定过程来看也变得非常复杂，它是不同利益群体、不同利益集团之间相互作用的结果。基于共同价值的政府要整合并明确表达公民的公共利益，努力帮助公民实现公共利益，政府行政官员是为公民服务的公仆，是以公民授权的方式，共享权力并努力组织实施。他们不应也不再享有特权，应是社会各类组织、社会团体公共利益的代表，代表社会公民行使相关职能。

其四，新公共服务理论把人的主体地位放在首位，突出了“人”的价值主体性。通过公共行政的正向引导，通过公民所形成的共同的价值观，使单一社会个体相互关联，形成一个具有强大凝聚力、关系非常紧密、具有共同价值取向的社会共同体。

以罗伯特·丹哈特为代表的美国公共管理学家在探讨管理和组织时提出的新公共服务的七大原则中，强调要“重视人而不只是生产率”，强调要“服务而非掌舵”。因此，新公共服务理论家十分强调“发挥公民的主体地位、强调人的主体价值性，强调通过人来进行管理”的重要性。新公共服务理论认为，公共管理者在其管理公共组织和执行公共政策时应该集中于承担为公民服务和向公民放权、调动公民的主体性的职责，他们的工作重点既不应该是为政府航船掌舵，也不应该是为其划桨，而应该是建立一些明显具有完善整合力和回应力的公共机构。

其实，公民才是一个多重的角色，他们既是公共财政的主要供给者，也是公共服务的接受者，同时也是各种生活的参与者和公共利益实现的监督者。真正确立了公民在公共领域的主体性地位，那么公民不再是“顾客”，而真正变成公共领域真实的参与者。从这个意义上讲，公共服务理论需要的是多元的参与方来重构社会管理服务体系，未来政府的角色也将不再是主导型的，而是一个非常重要的参与方。

二、新公共服务理论对高校学生教育管理工作的启示

（一）构建多元主体、共同参与的学生管理机制

新公共服务理论，一是强调参与，要充分调动社会个体参与社会公共事务的积极性。二是强调公共，强调公共组织一定要尊重人，强调共同合作、共同领导，这样成功的可能更大。目前，引导学生的态度和价值观、唤起学生的主体能动性是当代高校教育管理的首要职能，它关系到学生、教师、学校三者相互配合的程度，最终关系到学校教育的效果，关系到学校培养目标能否实现。构建多元参与的机制首要的是让师生能够享有制定学校政策的权利，共享学校政策的红利。目前，为增加学校内部院系办学自主权，很多高校推行了三级管理模式，但学校的核心政策的制定以及办学核心权力仍然集中在高校的管理层手中。这看似是在改革高校管理模式，下放权力，增强二级单位办学自主权，实际上只是换换形式而已。一方面很容易滋生腐败；另一方面，也容易抑制广大学生的主动性和积极性。因此，只有借鉴新公共服务理论观点，在学生教育管理方面，从政策的制定到具体工作的措施，都必须要有广大师生积极的共同参与，才能取得应有的效果。

（二）确立以人为本、服务为先的学生管理理念

公共行政的理论和实践都是建立在对人的基本预计的基础上，而公共行政理论及其实践模式的基本内容往往取决于人的行为及其内在动因。新公共服务理论中强调的以人为本

的服务理念，能使单一的个体融入其他个体、最终形成紧密关联的社会共同体，其公共价值在公民社会中具有普遍性。在大学生教育管理中，新公共服务的实质不是管理而是服务。它作为一项公共服务行为，必须立足“以学生为本”，才能在教育过程中全面地培养和发展大学生的素质。当前，在大学生的教育管理中，对于我们教育的对象要体现人性化，首要的是要把学生当“人”看。这里说的“人”有两层含义：一是人性意义上的人，让他们在学习过程中，能够体会到人性的丰富，体会到做人的尊严与快乐，让他们在接受教育的过程中享受应该享有的东西，得到应有的发展；二是个性的发展，要把学生当成独特的个体，让他们将最好的禀赋充分发挥出来，得到成长，得到更好的发展。在教育管理过程中，更要强调服务，体现学生的主体地位，为学生提供优良的环境、优质的服务，为他们的成长、成才服务。因此，只有树立并践行以人为本、服务为先的理念，才能激发学生的内在潜力和创新精神，才能最终更好地实现高校的育人功能。

（三）强化教育的根本使命及社会责任意识

新公共服务理论认为，公共服务人员既要关注公民，更要关注宪法、法律法规、政治规矩、职业标准，追求公共利益，行政过程不享有任何特权，更多的是要承担责任，这种责任受宪法、法律法规、价值标准、职业规范、政治规矩的规范和限制。高校的根本目的是培养人，培养社会所需要的创新、创造性人才，培养社会主义事业建设者和接班人。大学生教育管理者本身就理应承担宪法、教育法、高等教育法以及教师职业道德所要求的培养人的责任。在教育管理过程中，不应拿着管理者的权力发号施令，而应在管理工作中处处体现以生为本的理念、为学生服务的宗旨，在学生教育管理过程中努力形成学生共同遵守并内化为自觉行动的共同价值，追求学生共同利益，即使得人性得以解放、个性得以彰显、身心得以愉悦、能力得以增强、创新精神得以形成、整体素质得以提高。因此，学生管理作为一项公共服务行为，承担应该承担的社会责任是高校学生教育管理的应有之义。

三、新公共服务理论视角下的大学生教育管理的实施策略

（一）建立健全民主的学生教育管理制度，充分发挥制度的导向作用，促进学生主体性的发挥

正如登哈特所言，参与本身也是一种价值。新公共服务理论认为，当前我国高校大学生教育管理存在的主要问题是过于硬性的制度化管理，而且在所有制度制定的过程中，作为执行制度的主体自始至终未能介入其中，对有些不能认同的规定措施容易产生排斥和抵触的情绪。高校教育管理应把精力集中在培育学生积极参与学校公共事务上来，从学生相关制度的制定开始，广泛听取广大学生意见，培养学生主体精神与社会公共责任，建立起互相尊重、信任和平等的平台，从而实现民主化的管理模式。搭建广泛的对话平台进行双向沟通，建立广大学生与学校领导、与学校职能部门负责人之间的信息畅通机制，定期开展对话交流，认真对待学生的意见和建议，及时回应学生提出的各种问题，使管理者与被

管理者能相互理解、相互支持，提高管理工作成效。在当前的互联网时代，高校教育管理者应着重建设好本校的网站、论坛等，创造便利条件方便全校师生民主参与公共事务，确立以学生为主体的利益最大化的公共决策，有效促进高校教育管理由决策管理型向公共服务型转变。

（二）采用多元化的责任平衡手段，构建大学生教育管理的责任体系

在责任问题上，新公共服务理论强调政府和行政人员的公共责任，认为新公共管理理论和传统的公共行政，对政府的责任都过于简单化，认为政府不应仅仅关注市场，而要关注宪法、法律、条例，要关注社区价值观，关注公民权及公民公共利益，政府行政人员也应按照法律法规，以公民公共利益为考量为公民提供优质的公共服务，政府和行政人员应该定位为公共利益的服务者和引导者。新形势下高校呈现文化多元、招生多元、课程设置多元、学生管理模式多元的态势，在学生教育管理方面必须采取多元化的责任平衡手段，构建大学生教育管理的责任体系。首先，学校管理层，应当按照法规条款的规定，依法推进高校教育体制的改革；其次，对大学生的教育管理应当严格按照中共中央国务院《关于进一步加强和改进大学生思想政治教育的意见》和教育部《普通高等学校学生管理规定》执行；最后，学生教育管理者要依法依规履行职责，围绕实现学生的公共利益为其提供服务。

（三）构筑共同的价值理念，使大学生在共同价值理念的影响下自觉成才

新公共服务理论中强调的是公共性、共同体，而共同体的建立需要一个大家都能认同、并能自觉遵守的共同价值，这样才能在共同价值影响下形成一个紧密的共同体。习近平总书记 2015 年 9 月出席了联合国大会一般性辩论并发表了讲话，他从全人类价值共识的高度提出了全人类的共同价值。他指出，当今世界中“和平、发展、公平、正义、民主、自由”为全人类的共同价值。中国经历了三十多年的改革开放，经济关系的变革、社会机构的变动、利益格局的调整，冲击着人们的思想观念，整个社会呈现价值多元的趋势，此时急需形成一个符合当今中国经济社会发展的共同的价值体系，继而重塑当今大学生的价值认同。而社会主义核心价值观正是在这种形势下应运而生的，社会主义核心价值观是全人类共同价值在中国的集中体现和高度发展。因此，我们要让社会主义核心价值观在大学生心中生根发芽，让大学生在社会主义核心价值观的影响下，自觉行动起来，健全人格，提升素养，增强本领，为实现伟大的“中国梦”做出贡献。

综上所述，新公共服务理论重视公民权，强调人的价值、社会效能和公共利益。在新公共服务理论视角下的大学生教育管理首先应确立以人为本、服务为先的理念，在具体实践过程中，制定一个有广大学生参与的、科学人性化的管理制度，创建一个优良的教育环境、提供一个优质的温馨服务，并在共同价值理念的引领下，实现高校大学生的全面发展。

第三节　传统文化与大学生教育管理

作为高校的教育工作者，有责任、有义务让大学生客观正确认识中外两种文化，全面深入理解中华优秀传统文化对于自身道德建设和国家文化建设的深远意义，做出自己应有的贡献。

一、当代大学生继承并传承中华优秀传统文化的精神内涵

中华民族拥有五千年浩瀚灿烂的历史，凝练出宝贵的优秀传统文化。发展到 21 世纪的今天，这种优秀文化并没有不合时宜，仍然拥有与时俱进的蓬勃活力。以此为依托，能够培养大学生的文化认同感，增强大学生的文化自信，推进大学教育积极完善发展。

（一）以爱国主义的美好情怀对待家国

在我国漫长悠久的历史发展进程中，爱国主义的美好情怀是生生不息的发展源泉。例如，“路漫漫其修远兮，吾将上下而求索”，这种为家国不懈探索的努力实践；“富贵不能淫，贫贱不能移，威武不能屈”，这种为理想宁折不弯的磊落气节；崇尚仁义，厚德载物，这种朴素厚重的宽广情操；“安得广厦千万间，大庇天下寒士俱欢颜”，这种先人后己、先大国后小家的博大胸襟等等。爱国主义精神是我们优秀传统文化的重要情结，这种自古传承的家国情怀正是当代大学生应大力倡导并努力践行的重要方面。

（二）以持中和谐的平等精神处理与他人、与外界的关系

在优秀传统文化中，持中和谐的精神主要体现在对待他人和对待外界这两个环节。首先是对待他人，比如，“己欲立而立人，己欲达而达人”“己所不欲，勿施于人”，等等，这种以仁爱为思想基础奠定出和谐美好的人际关系，这种贵和持中的平等精神和团队意识，对当代大学生正确对待他人，妥善处理人与人之间的关系有着不容忽视的重要指导价值。其次是对待外界，我国的古圣先贤很早就开始探索人类个体与社会、自然的相处模式。老子言：“人法地，地法天，天法道，道法自然。”庄子云：“天地与我并生，而万物与我为一。”他们努力追求的是天人合一，是人与社会、人与自然的和谐相处。这种思想传承到今天，给当今高校大学生思想政治教育工作带来了无穷动力和良好方向，引导大学生汲取这些智慧精神，逐步养成并牢固践行人与自然、人与社会和谐相处的可持续发展理念。

（三）以尽善尽美的优秀修养加强自身个体的道德建设

我国优秀的古代文化典籍之一《大学》中说：“欲治其国者，先齐其家；欲齐其家者，先修其身；欲修其身者，先正其心。”可见，修身修德，加强自身个体的道德建设，自古就是我们中华民族不懈努力的实践。当代大学生要加强自身个体的道德建设，培养高尚的

道德情操和优秀的职业操守，就需要慎独，即严于律己的自律，也更要自省，即加强修养的自觉。当代大学生才能将外在的种种道德规范和层层道德束缚，自发自觉地转化为内在的道德自律和自省，并进一步努力实践，真正做到自觉的道德践行。

二、对当代大学生开展中华优秀传统文化教育的现代意义

我们正处于实现中华民族伟大复兴中国梦的建设事业中，高校对大学生开展中华优秀传统文化，教育培养大学生的传统文化归属感和优秀文化自信，一方面具有追根溯源的历史意义，另一方面更具备继往开来的深远战略意义。

（一）有利于增强大学生的民族归属感和文化自信

一个民族的核心和灵魂，我们称之为民族精神，民族精神渗透于民族发展的始终，它打造了一个民族最基本的风貌，塑造出一个民族最深邃的品格。一个民族若想代代传承、生生不息，民族精神所传递出的团结向心、上下凝聚、自立自强等因素具有无可比拟的重要力量。例如，“克己奉公、忧国忧民”的家国情怀；上下求索、百折不挠的人生态度；“先天下之忧而忧，后天下之乐而乐”的宽广胸襟，都是我们应该汲取的宝贵财富。高校只有借助优秀传统文化的魅力，依靠优秀传统文化的力量，才能更好地培养学生情感，塑造学生灵魂，让大学生从中升华出踏实坚固并伴随终身的民族自尊心、家国归属感和文化自信。

（二）有利于培养并提升大学生的思想政治素质

现在，很多高校在大学生思想政治教育工作中，都不约而同地追溯优秀传统文化，从中汲取养分，寻找优秀传统文化与当代社会文明建设的契合点，同时也在不断与时俱进，在市场经济的浪潮中，帮助大学生踩稳脚下思想政治素质的基石。首先大力弘扬爱国主义、集体主义精神。如“国家兴亡，匹夫有责”、如舍生取义等等，都是爱国精神和集体主义的鲜明体现，也是大学生热爱家国的力量源泉。其次是大力弘扬平等仁爱的精神，帮助大学生构建融洽和谐的人际关系。优秀传统文化中所倡导的入孝出悌、尊师敬亲、谦逊礼让、虚怀若谷等美好情感，既是当代大学生修身养性应该具备的重要素质，又是当代大学生和谐相处应该掌握的基本能力。最后是大力弘扬脚踏实地、自强不息的精神。当代大学生要想立足社会、成就自我，这种精神亦是应该具备的不可或缺的重要因素。

三、积极推进大学生中华优秀传统文化教育的有效途径

当代大学生是中华民族伟大复兴的担负者，国家全面发展的建设者。为了更好地完成这些历史使命，大学生自然也成为中华优秀传统文化坚定不移的继承者、与时俱进的创造者、砥砺前行的倡导者。

（一）立足学生自身，充分发挥高校在大学生认识和传承中华优秀传统文化中的激励作用

良好的文化环境对人意识的形成和思想的提升有着了润物无声、潜移默化的作用。教育工作者要立足高校这一文化主阵地，积极营造氛围浓厚、健康向上的校园文化环境，激发大学生认识和传承优秀传统文化的热情，从而真正培养出大学生良好的文化底蕴和深厚的文化内涵，可以从两个方面着手实施。一方面是，充分发挥思想政治教育工作的作用，借助高校课堂认识并传承优秀传统文化。老师要将优秀传统文化的精华以丰富多样的教育技巧和图文并茂的生动案例融入课堂教学，全面激发大学生的学习兴趣和热情。同时教育者应借助教育思想的丰厚性和教育内容的文化性，以科学的教育手段确保学习成效，塑造出一名新时代的大学生应该具备的优秀的文化人格。另一方面结合不同的专业特点，实现专业与优秀传统文化的有机融合。社会的前进，既需要人文情怀的烛照，又需要科学技术的推动，人文情怀和科学技术是推进人类社会发展的两股重要力量，但这两股力量并非背道而驰，而是可以有机融合的。教育工作者结合高校不同专业的特点，在人才培养方案的制订、课程内容的选编等方面将两者有机结合，提升学生的职业素养，升华学生的道德情操。

（二）立足学生家庭，充分发挥家庭在大学生认识和传承中华优秀传统文化中的辅助作用

古人云：“修身、齐家、治国、平天下。”在这层层递进、环环相扣的人生成长和发展轨迹中，家庭在其中担负了不可替代的重要辅助作用。作为新时代的大学生，面对各类方便快捷的学习方式，应该大胆走出课堂，积极深入开展社会实践，有目的有意识地去发现、挖掘乡土文化中的优秀情感，收集整理地方民族中的传统文化资源，以自己的亲身经历和感同身受加强对家乡优秀传统文化的全面了解和深刻认识，培养出对其深厚的、无法泯灭的真切情感，并在学习实践和未来工作中，使之成为热爱家乡、建设家园以及文化坚守的强大动力。比起高校，个体家庭作为社会的一个因子，是学生成长发展的第一所学校。自然，家庭在传播知识文化、规范生活行为、塑造人格精神等方面，有着不可推卸的责任。温暖和谐的家庭氛围、朴实丰厚的文化环境都可以以心理暗示、积极感染、榜样效仿等有效形式日复一日影响着其子女，在塑造子女的道德品质、精神人格等方面起到积极强大的助力作用。所以，学校要鼓励每一位家长参与孩子的成长。同时，每一位家长自身也要不断学习、充实自我、融会贯通，积极践行中华优秀传统文化，成为孩子学习效仿的榜样，让孩子也成为优秀传统文化的践行者。

（三）立足社会环境，充分发挥主观能动性在大学生认识和传承中华优秀传统文化中的引领作用

首先，我们一直提倡传承弘扬中华优秀传统文化，并非是不加思辨地一味排斥所有外来文化，而是主动借鉴。我们一直倡导的学习借鉴外来文化，并非是不经取舍地一味拿来，不

能是良莠不分地照搬、盲目效仿地照抄，更不能是丢掉民族自豪感、放下民族自尊心、丧失文化自信、抛弃中华优秀传统文化之后的一味全面迎合外来文化。应该是辩证思考，批判借鉴，融百家精华，纳百家所长，全面促进文化的丰富发展。其次，对待民族文化，保有中华优秀传统文化特色的同时，更要创新推进，永葆文化的新鲜和活力。面对不同文化之间的不断交流与冲击，大学生要坚持中华优秀传统文化的自主传承，塑造对民族文化的强烈认同感，培养对外来文化的理性客观态度，理解对待文化交流，主动学习外来文化的优秀成果并为我所用，最终传承并创新优秀传统文化，永葆中华优秀传统文化的勃勃生机。

第四节　从严从实做好大学生教育管理服务

“三严三实”是党员干部的谋事之基、成事之道。学生工作干部作为高校立德树人的重要力量，要以“三严三实”精神为指导，抓住服务大学生成长成才这个关键，从积极回应大学生发展诉求入手，进一步提高认识，转变思路，提升自身素质和能力，从严从实做好大学生教育管理服务工作。

“三严三实”是习近平总书记为全体党员干部提出的修身律己的基本要求，也是党员干部为政用权、干事创业的基本遵循。大学生教育管理服务是高校人才培养工作的重要组成部分，是落实立德树人根本任务的重要支撑。学生工作干部作为这项工作的主要承担者，要深入学习习近平总书记有关重要论述，全面领会精神，准确把握实质，以“三严三实”为标尺和准绳，进一步转变工作理念，完善工作体系，不断提升自身素质和能力，为服务好学生成长成才、完成好肩负的历史使命奠定坚实基础。

一、牢固树立服务大学生成长成才的基本理念

习近平总书记论述“谋事要实”时，突出强调“要从实际出发谋划事业和工作，使点子、政策、方案符合实际情况、符合客观规律、符合科学精神，不好高骛远，不脱离实际”。对于高等学校来说，立德树人是学校的根本任务，人才培养是学校的中心工作，这是学校最大的“实际”。学校的教学、科研、管理各项工作都要围绕这个“实际”来开展，学校的干部教师、教职员工都要为这个“实际”服务，学生工作干部想问题、办事情都要以这个“实际”为出发点和立足点。

（一）将全心全意服务大学生的成长成才作为工作的基本定位

理论是实践的指南，认识是行动的先导。正确把握工作的基本定位，是谋事创业的基础和前提。高校学生工作涵盖教育、管理、服务等多个领域，包括思想政治教育、心理健康指导、就业指导、行为管理、党团组织建设等多方面工作，无论是思想引领还是事务管理，其核心都是完成党和国家赋予的根本任务，本质是服务学生成长成才。由此，学生工作干

部要以服务大学生成长成才为中心，实现工作理念的确立和方式方法的完善。同时需在精神状态、事业心和责任感方面下功夫，树立正确的事业观和政绩观，在谋划工作时以服务为着眼点，从大学生的成长成才实际出发。唯有如此，才能推动学生工作蹄疾步稳、健康发展。

（二）将大学生满意度和受益率作为衡量工作成效的根本标准

习近平总书记提出，干事创业一定要树立正确的政绩观，做到“民之所好好之、民之所恶恶之”，求真务实，真抓实干。学生工作是为学生的成长成才服务的，服务质量高不高，服务效果好不好，必然要由服务对象来评判。同理，学生工作干部的工作成绩如何，要以大学生的满意度和受益率为衡量标准。学生工作干部工作在教育管理服务一线，要知道学生需要什么、盼望什么，把学生的诉求当作谋事创业的核心内容，把学生的所思所盼当作谋事创业的关键要素，求真务实、戒浮戒虚，把精力集中到最需要、最管用的、取得实效的地方。尤其是着力解决好学生最关心、最现实的问题，下大力气解决好学生不满意、反映最强烈的突出问题，多做雪中送炭的事，这样学生就会满意，工作就会取得成效。

（三）让从严从实成为学生工作的新常态

“三严三实”是全党上下凝聚党心民心的行动指南，是谋事之道、成事之基。学生工作内容广泛、任务繁重，事关党的教育方针的落实，人才培养目标的实现，事关每一名学生的成长成才。学生工作干部作为学生教育管理服务工作的具体组织者、实施者，必须将“三严三实”作为根本要求贯穿于各项工作中，把纪律和规矩挺在前面，成为手中的标尺，随时丈量自己的所思所想、所作所为，提醒自己时刻保持严谨的作风、严正的形象；把求真务实作为毕生恪守的行为准则和人生追求，在心里始终装着一杆秤，随时衡量工作中的虚与实、浮与沉、利与害，不受虚言，不听浮术，不采华名，不兴伪事，跟学生谈实情、讲实话，为学生办实事、求实效，让从严从实成为各项工作的新常态。

二、构建以回应大学生发展诉求为核心的工作格局

综合社会发展趋势和个体成长成才规律的相关研究表明，新时期大学生发展诉求主要体现在以下方面：以学习为中心，既重视全面发展，又注意创新创造，具有基础厚、方向宽、特色新三个特点，符合坚持学习、思考与修养并重，坚持传承、创新与实践结合，坚持基础、专业与特长协调，坚持知识、能力与素质统一四个要求。学生工作应当以积极回应学生的发展诉求为核心，完善工作体系，构建以服务学习为主要切入点的工作格局。

（一）坚持以服务大学生的学习为中心

学习是学生的天职。特别是大学阶段，学习是学生实现全面发展、顺利走向社会的重要基础。2015 年 4 月，李克强总理在吉林大学与大学生创业者交流时反复强调，大学生首先要把学习搞好，第一位的还是学习，不仅要向书本学，还要向实践学。学生工作要把

主要精力放在服务学生的学习上，把教育管理服务的重心放到为学生创造好的学习环境、营造好的学习氛围、解决学习中遇到的困难上。

（二）将“从严治学、以仁爱生”作为工作的基本原则

“从严治学”即“严”字当头抓学风。学生工作干部要和任课教师一起承担起学风建设的责任，通过严明学习规章、严格学术规范、严肃考风考纪，进一步完善导向激励机制，培育起良好的学习风气。“以仁爱生”就是要以“仁”为本，用“仁”爱之心，给学生以深切关怀。学生工作的“仁”主要体现在“用心服务，落实责任”上。学生工作干部尤其是辅导员要经常进课堂、进宿舍、进操场、进网络，与学生亲密接触、深入交流，及时掌握学生学习、思想动态，了解他们的所思所盼，帮助其解决实际困难。

（三）切实履行好“教育、管理、服务”职责

随着高等教育大众化进程不断发展，特别是新形势下国家对人才培养提出了更高要求，学生工作在立德树人工作中的地位日益突显、职能进一步拓展。一个突出表现是“服务学生成长成才”已经成为一项重要职责，并与教育、管理一起构成学生工作的三个基本模块。

大学生思想政治教育事关社会主义办学方向，事关全面贯彻党的教育方针，事关中国特色社会主义事业后继有人。这是学生工作干部的首要职责，是学生工作体系中一项核心性工作。伴随形势不断发展变化，当前大学生思想政治教育要注意利用校内外多种资源，进一步拓展育人平台，丰富教育载体，在提高针对性、实效性上下功夫。没有规矩，不成方圆。大学生正处在世界观、人生观和价值观形成、发展、完善的重要时期，学生管理工作既要重视思想引导，又要重视行为约束，既要靠制度管人，更要靠目标激励人。要充分运用好综合评价这个杠杆，从大学生成长成才诉求出发，通过设置荣誉体系，完善奖惩机制，引导大学生在思想道德修养、业务学习成绩、科技创新实践、文化艺术特长、身心健康表现、组织管理服务等领域创先争优、做出成绩。做好服务是学生工作的重要职责。学生工作干部要牢固树立“全心全意服务学生成长成才”的工作理念，既要服务好大学生的学习创新、身心健康、素质和能力提升、就业与创业等多种需要，还要当好大学生权益的维护者、代言人，当好大学生相关事务的推动者、协调人，推动学校相关部门为大学生成长成才提供更优质、更高效的服务。

（四）将人格培育、身心健康、集体教育、就业指导等作为学生工作的主要着力点

第一，人格培育。人格完善是每个社会成员的共同目标，大学生处在人格不断完善的阶段，开展大学生人格培育既有其自身的迫切需要，也是社会发展的必然要求。学生工作干部应该努力为大学生提升人格素养营造良好环境，搭建丰富平台，并针对学生个体需求，提供有针对性的指导和支持。

第二，身心健康。大学生身心健康是一个国家综合国力强弱的客观反映，是现代化建设成败的关键因素，是一个民族兴旺发达的重要标志。根据全国学生体质与健康调查报告

显示，身心素质下滑问题日益威胁大学生的成长成才。身体状况和心理状况互为表里、互相促进，促进大学生的身心健康应该成为学生工作的重点。

第三，集体教育。加强大学生集体教育是由我国的社会制度决定的，是增强民族凝聚力、迎接国际竞争挑战的需要。随着全球化、网络化和市场化的发展，大学生集体主义教育面临前所未有的挑战。学生工作干部要高度重视大学生集体主义教育，充分利用班集体这一有利平台，充分发挥共青团、学生社团的组织优势，努力构建班级与社团结合、教师引导与学生自主结合、传统方法与现代技术结合的工作机制，不断增强集体主义教育的有效性。

第四，就业指导。当前大学生就业工作越来越受到国家和社会各界的高度关注，加强就业指导日益成为学生工作的重要职责。学生工作干部在工作中要注重五个着眼点。一是尊重学生意愿，把工作精力放在帮助有就业诉求学生的顺利就业上。二是提升就业层次，通过多方努力为学生提供更多更好的就业单位和就业岗位。三是帮助大学生端正就业观念，选择与自己能力相匹配的岗位。四是拓展学生就业领域，不断提高学校的影响力、吸引力。五是选准工作重点，明确主推方向，如重点城市、重点部门、重点行业、重点企业等；服务好重点人群，主要是家庭困难群体和优秀学生群体。

如前文所述，学生工作的基本理念是服务学生成长成才，满足学生的发展诉求是大学生工作的着力点。从大学生现状和社会需求来看，大学生成才愿望更加强烈，发展诉求日益多元。从大学生教育管理服务角度，主要包括如何完善人格、保持健康身心、培养集体观念、实现满意就业四个方面。对此学生工作者应当予以积极回应。

（五）着力构建科学、完善、规范的工作体系

从积极回应大学生发展诉求及其成长成才角度出发，结合学生教育管理服务的实际，学生工作总体格局主要包括思想引领、发展指导两个方面，在具体支撑上应当建立五个工作体系。

第一，建立大学生思想政治教育工作体系。大学生思想政治教育始终是学生工作最本质、最核心、最重要的内容，高校学生工作干部要做到坚定举旗、用心铸魂，以理想信念、社会主义核心价值观、传统文化为主要内容，以提高教育实效性为着力点，以提高大学生的主动性为突破口，着力构建思想政治教育工作机制、平台体系、活动体系。

第二，建立大学生自我完善指导服务体系。自我完善是主体意识增强的必然结果。作为一种自我教育手段，其在推动社会发展、人类进步等方面都发挥着重要的作用。大学阶段是个体自我意识急剧增长，迅速发展和趋于完善的重要时期，也是开展自我完善指导服务的黄金阶段。高校应该针对大学生发展诉求，深入研究其成长成才规律，以科学理论为指导，建立教育引导、激励推动、素质拓展和支撑保障工作体系，着力培养大学生自我完善的意识和能力。

第三，建立立体育人体系。学生工作是一项服务学生成长成才的系统工作，是“为了

每一位学生的终身发展的工作”，不能简单理解成“学生工作干部的工作”。做好这项工作需要学校、社会、政府、家庭各个方面的关注、关心和支持，高校应该充分挖掘社会、学校的育人资源，将各类资源整合成立体化的育人网络，不断完善相应体制机制，为学生的成长成才提供全员、全方位、全过程服务体系。

第四，以大学生满意度、受益率为标准建立学生工作部门、学院的工作考核评价体系。建立有效的考核评价机制是检验工作成效、促进作风转变、推动事业发展的重要手段。要实现考评内容的系统化，明确“考什么”，促进考评方法的科学化，明确“怎么考”，推进考评主体多元化，明确“谁来评”。高校应该着重在建立学生满意度、受益率测评机制，畅通学生、家长及社会对学生工作发表意见、投诉渠道，完善工作考核指标体系方面下足功夫。

第五，建立学生工作全员问责体系。长期的理论和实践都充分证明，工作目标责任制与工作绩效考评制度的合理运用是提升工作效能的有效方法，而考核结果的正确运用和问责体系的有效运行，是保持这一体系生命力的关键所在。学生工作是全员育人的重要体现，为保证这项工作取得成效，高校应该以目标责任制为主体、以考核评价制为抓手、以追责问责制为保障，从职能部门到学院，从机关工作人员到辅导员，进一步细化职责、明确分工、责任到人，建立有效、可操作的责任追究机制。

三、着力提高辅导员服务大学生成长成才能力

辅导员是大学生健康成长的指导者和引路人，是做好大学生思想政治教育工作的骨干力量，也是连接党与大学生的重要桥梁和纽带，是大学生成长成才服务的直接承担者、组织者。工作中要以“三严三实”精神为指导，以严为镜照思想，做到思想认识要严，制度规范要严；以实为尺正行为，做到服务措施要实，行动落实要实，真正将从严从实的理念贯穿到学生教育管理服务工作中。同时，辅导员还要在集中精力、提升能力、增加魅力上下足功夫，使自己成为大学生成长成才过程中的好导师、好榜样、好朋友。

（一）明确工作职责，集中精力服务大学生成长成才

辅导员是高校全员育人体系中的重要组成部分，应该明确自己的职责，把主要精力放在学生教育管理服务各项工作上，把努力方向凝聚到学生成长成才服务上，从学生的满意度、受益率上求政绩，在提高人才培养质量上寻找事业的闪光点，在落实立德树人根本任务中实现自己的人生追求。

（二）提升工作能力，推动各项工作深入开展

“能力”包括“能”和“力”两个部分。辅导员要提高自己的“能”，借用物理学上的概念，就是要增加势能、释放动能。要通过加强理论研究，丰富实践经历，不断提高自身的综合素质，使自己站在更高的平台，达到更高的层次，形成居高临下的工作态势。学生工作涉及方面多、领域广，为了有效提高自己的工作水平，可以重点聚焦某个工作领域，成为大

学生思想政治教育、大学生发展指导、大学生事务管理与服务等某一方面的行家里手，形成自身的特色优势，由此形成工作中的巨大动能。从物理学的角度理解，“力”是一个矢量，包括大小、方向和着力点三要素。对应到辅导员工作中，就是要遵循矢量法则，选准工作着力点，明确工作方向，并充分运用拥有的势能，形成巨大的工作推动力，从而取得更大的工作成效。

（三）增加人格魅力，在言传身教中带动大学生共同进步

辅导员面对来自五湖四海、具有不同特点的大学生，开展工作需要得到他们的拥护和支持，得到他们的信任、理解和友谊做到要这些不仅要讲究工作艺术和工作方法，更要靠辅导员的人格魅力。辅导员的人格魅力不是凭空产生的，首先要有高尚的道德品质，具有较高的思想素质、政治觉悟和道德水准；其次要有良好的工作态度，始终保持积极健康、敬业勤勉、严谨务实的工作态度，并通过日常工作传递给学生，为学生树立良好的榜样；最后要有崇高的职业精神，在工作中体现出高度的社会责任感和不懈的职业理想追求，切实做到言为士则、行为世范。

第五节　儒家入世思想对大学生教育管理工作的启示

儒家入世思想自形成以来，对中国的社会影响深远，对当今大学生的教育管理也有着深刻的启示。本节主要从儒家入世思想的基本内涵入手，分析其现代意义以及对大学生教育管理的启发，倡导大学生要具有实践精神和责任意识，要树立正确的世界观、人生观和价值观，要把个人、家庭和社会利益有机统一作为价值取向。

一、儒家入世思想的基本内涵

春秋战国时期，动荡的社会现实让以孔子、孟子为代表的儒学人士思考人存在的价值和意义，思考人与自然、人与社会之间究竟应该是怎样一种关系才能达到理想状态。经过一代代儒学人士的思考和完善，儒家认为人应该与自然和谐共生，人应该积极参与管理国家和社会事务。儒家入世思想由此而形成，其基本内涵主要回答了人的自然属性和社会属性的问题。

（一）“天人合一”的宇宙观

“天人合一”是一个基本的信念，最早起源于春秋战国时期，经过汉代董仲舒等学者的阐述，由宋明理学总结并明确提出。天，就是指大自然；人，指人类。天人合一，意指人类本身就是自然的一部分，人与自然要互相理解、和谐相处。“天人合一”的宇宙观回答了人的自然属性问题，可以从以下几个方面来理解：一是人是自然的一部分，自然界有其自身的规律，人必须服从这个规律；二是人性即是天道，人类的道德原则和自然规律是

一致的；三是人类的理想状态是人和自然互相协调，达到一种和谐共生的状态。《周易大传》主张“裁成天地之道，辅助天地之宜”“范围天地之化而不过，曲成万物而不遗”，人既要改造自然，又要顺应自然。

（二）“修身、齐家、治国、平天下”的处世观

人生活在社会上，自然就需要具有社会属性，社会属性是人的本质属性。儒家“修身、齐家、治国、平天下”的信条回答的正是人的社会属性问题，表达了儒家积极入世的实践精神和责任担当。修身是基础，是齐家、治国、平天下的前提条件，《大学》说“自天子以至庶人，壹是皆以修身为本”。儒家倡导的修身是以“仁义礼智信”为标准的，是品德与才智结合，是人的社会化的过程。人的品德和才智提高了，家庭也就和谐了、国家也就会治理好，天下自然也就太平了。在人与社会互动的过程中，以积极的人生态度完善自我，并处理好与家庭、国家、社会之间的关系。这是一种积极的处世观。

（三）取财有道且寡欲的义利观

人在齐家、治国、平天下的实践中，要付出劳动，当然也要获取报酬，无法逃避面对钱财的问题。儒家并不反对取得合理的财物，但反对一个人具有强烈追求财物的欲望。这就是儒家在入世中的义利观，可以从以下三个方面来理解：一是承认物质生活资料是人生存和发展的前提条件，但是要取财有道，要通过自身的劳动取得合理的报酬。孔子曾十分朴素而坦率地承认追求物质财富的合理性，“富而可求也，虽执鞭之士，吾亦为之”（《论语·述而》）。二是倡导在利面前要寡欲，绝不能利欲熏心。《孟子·尽心下》说“养心莫善于寡欲”，《孝经》说“用天之道，分地之利，谨身俭用，以养父母”。三是面对义和利发生矛盾时，要重义轻利，甚至舍利取义。《孟子·鱼我所欲也》说“万钟（高位厚禄）则不辨礼义而受之，万钟于我何加焉！”

二、儒家入世思想的现代意义

（一）积极入世是一种实践精神

儒家文化是一种积极的入世思想，是实用主义哲学。它所关注的是社会和人生，引导人们在社会实践中实现自己的社会和个人价值。儒家的入世思想不是空洞的理论，它是一种实践精神。入世思想的诞生就是实践的，儒学人士亲自奔走呼号，讲学布道，劝谏权贵。从“天人合一”的内涵来看，自然界存在着人类生产和生活所需的丰富的物质资源，人需要通过实践向大自然获取这些物质资源，而且在获取的过程中要处理好与大自然的关系，既不能让自然主宰人类，也不能“人定胜天”。从修齐至治平的处世哲学来看，提高个人素养、管理好家庭、参与治理国家和社会都需要通过积极实践来实现。不实践，无法提高个人修养和才干，也不知道怎样管理好家庭。不勤奋工作，自然谈不上治理国家和社会，谈不上个人价值和社会价值的实现。从儒家倡导的义利观来看，取财有道的“道”就是实

践的途径或方法，重义轻利或者舍利取义是在面对义与利的矛盾时的一种实践行为。现代社会同样需要通过诚实劳动合理合法地获取报酬，而不能唯利是图、见利忘义。

（二）积极入世是一种责任意识

萌芽于战乱春秋战国时期的儒家入世思想，承载着解救国家和人民的重任。儒家主张先完善自己，再去对家庭、国家和社会负责，主张推己及人的责任传递。由于受儒家入世思想的影响，中国传统文人多有深沉的忧国忧民情怀、拯救苍生的济世之志，这其实就是儒家入世思想影响下的责任意识的体现。在当今社会，每个人都需要责任担当，对个人负责、对家庭负责、对社会负责，这是一个人一生完整的责任清单。在国际政治、经济舞台上，中国扮演着越来越重要的角色，承担了更多的国际责任，这是受两千多年来儒家入世思想影响的大国的责任担当。

（三）积极入世是世界观、人生观和价值观的集中体现

儒家“天人合一”的宇宙观是一种朴素的世界观，修身、齐家、治国、平天下的处世观是一种人生观，取财有道且寡欲的义利观是一种价值观。儒家积极入世的思想正好包含了人的世界观、人生观和价值观，这“三观”是一个有机统一体。对世界、对自然的认知是实现人生价值的基础，世界观对人生观、价值观具有指导作用，人生观、价值观反过来又制约着世界观。儒家积极入世思想体现的“三观”之间的关系在现代社会可以理解为：我们每个人认清人和自然的关系，就会积极地去改造自然、勤奋工作、奉献社会，但是又不会过度开发自然、破坏社会和谐；同时，人们对自然的改造程度和与社会的互动实践深度，又反过来影响人们对自然的认知深度。

（四）积极入世是个人、家庭和社会利益的有机统一

儒家信奉的修身、齐家、治国、平天下，从利益的角度来看，是由己及家、由家及国、由国及天下的利益共同体。个人和家庭利益的实现依赖于国家和社会的安定，集体和国家利益的实现需要每个人勤奋工作，需要每个家庭融洽和谐。儒家倡导的取财有道且寡欲的义利观更是直接表达了个人利益和社会利益之间的关系：取财有道表明了个人获取利益时必须符合社会规则与规范，寡欲即是通过节俭来为社会贡献利益、节约资源。当个人利益与社会道义发生冲突时，选择重义轻利或者舍利取义，这其实也是个人利益与社会利益的协调统一，社会道义可以看作是社会利益，只有先保证了社会利益这个大利益，才能进一步谈个人的小利益，这是儒家的价值取向。

三、儒家入世思想对大学生教育管理的启示

（一）既要注重理论学习，也要积极参加社会实践

儒家的积极入世思想体现了一种实践精神，这对当今的大学生教育和管理具有深刻的启示。学好专业知识固然重要，但是把专业知识运用到实践工作中去更重要。为此在大学

学习阶段，一方面要努力学好理论知识，另一方面要找机会参加社会实践。参加社会实践的途径很多，不仅是学校或学院组织的实习、调查是实践，在校内校外参加勤工俭学、协助老师做好一个课题的调查访谈、组织策划一次成功的文体活动等都是实践。实践无时不有、无处不在，重要的是一方面大学要在专业计划里每学期都有固定的实习实践时间，并且精心组织好每次实习实践；另一方面大学生要积极投入实践，把实践当作自己增长才干、处理实际问题的重要途径。现在很多用人单位在招聘时都要求应聘者具有相关工作经验，作为大学生没有工作经验怎么办？那就靠参加社会实践积累经验。

（二）培养责任意识是当今大学生的“必修课”

由于当今大学生大多数是独生子女，从小受家庭宠爱，自己独立处事的机会较少，导致责任意识比较淡薄。主要表现为学习不够主动，生活自理能力比较差，不积极参加集体活动等。淡薄的责任意识不利于大学生成长，不利于他们走向社会。培养大学生的责任意识是当今大学教育不能忽视的“必修课”。肩上有责任，才能积极进取，才能忍辱负重；身上无担当，容易不思进取，容易得过且过。古代儒家的责任是为国为民，当今大学生的责任是什么呢？首先是要为自己负责。自己所做的一切最基本的是要对得住自己，不为曾经的选择和作为后悔。其次是要为家庭负责。父母抚养我们成长不容易，不做父母的大学生很难深刻理解父母对我们的关爱与期望，孩子对很多父母来说就是家庭的全部，所以大学生的所作所为还要考虑家庭的因素，要对得起父母对我们的养育之恩。最后，更高层次是要为国家和社会负责。当今大学生为国家和社会负责的意识比较淡薄，更多的是考虑自己和家庭。其实国家和社会给我们创造了这么安定的学习环境，我们要有感恩之心，要有报国之志。报国之志不一定是干大事，作为学生，现在勤奋学习，将来走上工作岗位后踏踏实实地工作，为集体、为国家贡献一份绵薄的力量也是报国。古今中外，但凡是有所成就者，无不是把自己的命运与国家和社会的需要紧密结合起来的。

（三）树立正确的世界观、人生观和价值观才能真正“入世”

儒家的积极入世思想是世界观、人生观和价值观的集中体现，这“三观”在中国古代影响深远，一直影响到现在。当今世界复杂多变，人们的人生观和价值观多元化。当前部分大学生为了将来的“成功”，把人作为“器具”来培养，片面强调人的知识技能，而忽略了道德品质的培养与完善，从而导致部分大学生技能娴熟而思想道德贫乏，出现理想信念模糊、价值取向扭曲、诚信意识淡薄、社会责任感缺乏等诸多问题。有的大学生很聪明，学习成绩优异，但是在“三观”上有些问题，走向社会后无法发挥自己的真才实学，甚至走了歪路。有的学生在上大学阶段由于没有树立正确的“三观”来指引自己的行为，大学几年下来一无所获，成了“混文凭”的典型。对于大学生而言，树立正确的世界观、人生观和价值观非常重要。大学是树人的重要场所，而树人最重要的是树立正确的世界观、人生观和价值观。

（四）个人、家庭和社会利益有机统一是当今大学生的价值取向

价值取向指的是一定主体基于自己的价值观在面对或处理各种矛盾、冲突、关系时所持的基本价值立场、价值态度以及所表现出来的基本价值取向。一个人的价值取向往往反映他的人格倾向，价值取向的合理化体现人与社会的和谐。当今大学生在面对利益冲突时，应该把个人、家庭和社会利益有机统一作为价值取向，不能存在明显的利己主义、功利主义和实用主义倾向。一味强调自我价值，而忽视了家庭价值和社会价值，这样的大学生走向社会后不仅对家庭和社会无益，最终对自己也无益。个人的价值实现过程中，个体性和社会性是辩证统一的。个人、家庭和社会三位一体的价值取向在有利于我们处理好个人和家庭、个人和社会之间的关系的基础上，有利于个人的完善和提升。

第六节　大学生教育管理“抓两头”与“抓中间”

高校学生教育管理的工作模式一般有“抓两头，带中间”和“抓中间，促两头”两种模式，这两种模式各有利弊。要充分发挥两种模式的优势，克服两种模式的弊端，因时因事合理采用适当的模式。为扬长避短，应该不拘泥于某种模式，而是要以辩证统一的观点把两种模式有机结合起来运用，以期获得大学生教育管理的良好实效。

在高校学生教育管理中，学生群体按表现大致可分为优秀生、中间生和学困生三个群体，比例分别约占35%、60%和5%。习惯上把优秀生和学困生这两个群体简称为“两头”，中间生群体简称为“中间”。传统上，高校学生教育管理的工作模式是“抓两头，带中间”（本节简称“抓两头”模式），针对这一模式在运用时反映出来的不足之处，在近年的学术论文中，又提出了“抓中间，促两头”的模式（本节简称“抓中间”模式），也就是通过抓中间生群体，来促进优秀生群体和学困生群体。笔者认为，这两种模式都有一定的片面性。实际上，这两种模式是辩证统一的关系，只有综合运用才能取得较好的教育管理效果。

一、“抓两头”模式的利弊

“抓两头，带中间”有以下几个优势。首先，抓住优秀生群体，使优秀的学生更优秀，并出现标志性的榜样学生。优秀学生的典型可以起到朋辈教育引领作用。其次，抓住学困生这个群体，就是抓住了最薄弱的部分，他们不掉队，也就确保了整个集体不出大的问题；最后，只“抓两头”，学生人数相对较少，教育管理工作量相对较小，这在高校辅导员人手普遍紧张的情况下也是一种相对合理的选择。因此，“抓两头”工作模式见效快，容易获得立竿见影的成绩。

“抓两头，带中间”在实施中显现出一些不足之处。首先，把主要精力用在“抓两头”，而没有主抓全体，这与国家关于教育要面向全体学生的任务要求相差很大；其次，中间生

群体是最大的群体，这部分学生的培养质量才能代表高校学生的整体培养质量，他们是国家建设的中坚力量，而“抓两头”模式恰恰没有把主要精力放到这部分学生身上；最后“抓两头”模式在实际工作中容易把范围缩小到只抓“头尾”个别重点对象，这对学生整体的教育管理是不利的。

二、“抓中间”模式的利弊

“抓中间，促两头”作为一种较新提出的教育管理模式，表现出如下几个优势：第一，把主要精力用在抓中间群体，也就是抓住了人数最多的群体，跟国家关于“教育要面向全体学生”的任务要求一致；第二，中间生群体作为最大的群体，抓好这个群体，会对两头的学生产生巨大的推动力；第三，中间生群体是学生中最有代表性的人群，他们的榜样作用更明显，因为这部分同学最普通，也最容易被仿效。因此抓好这个群体，不仅使中间生进步为优秀生，而且可以使原先的优秀生群体感受到被强烈追赶的压力，也更容易使学困生群体看到希望。

“抓中间，促两头”教育管理模式的不足之处也比较明显。首先，这种工作模式跟“抓两头”模式一样，也没有主抓全体学生；其次，虽然把主要精力用在抓中间生群体，但中间生群体是人数最多的群体，情况多、工作难度大、花费精力多，这对人手紧张的教育管理人员是一个很大的考验；最后，这种模式对两头群体影响的不确定性较大。

三、“抓两头”和“抓中间”模式的辩证统一

“抓两头”和“抓中间”模式各有利弊，因此在实际工作中，要充分发挥两种模式的优势，克服两种模式的弊端，因时、因事合理采用适当的模式，以辩证统一的观点把两种模式有机结合起来加以运用，以期获得大学生教育管理的良好实效。

抓两头和中间的全体学生，把握教育的基本面向。毛泽东指出：“事物发展过程中的每一种矛盾的两个方面，各以和它对立着的方面为自己存在的前提，双方共处于一个统一体中。”两头和中间，这是矛盾的两个方面。一方面要抓中间，另一方面要抓两头。教育要面向全体学生，因此不能只抓两头或只抓中间。

著名教育家苏霍姆林斯基指出：“在教育集体的同时，必须看到集体中每一个成员及其独特的精神世界，关怀备至地教育每一个学生。”因此中间生群体虽然人数占多数，但还是要去“抓”他们的个别，如果不“抓”，这部分学生是很难被两头的学生“带”起来的。两头群体虽然人数少，但是极端的情况更多，他们的影响也很大，如果不“抓”，这部分学生是很难被中间生“促”动起来的。比如优秀生群体，他们自我优越感较强，平时被赞扬多被批评少，他们甚至不太看得起中间生和学困生群体，因此他们容易走偏，他们是需要我们去“抓”的。对于学困生群体，显然更需要“抓”，而不能靠“促”。

抓两头和中间的矛盾个性，把握教育的内在规律。在学生群体中，两头和中间是一对

矛盾，而两头又分为优秀生群体和学困生群体，都是事物的对立面。因此要分析矛盾的特殊性，即各群体相关方面及不同阶段各有的特点。只有抓住了这些矛盾的特殊性，才能把握教育管理的内在规律。

首先，要把握中间生群体的特点。他们各方面表现都处于中游，主观上相对被动，容易满足现状，且从众心理较重，容易受到他人影响。因此，他们有较大的可塑性。其次，要把握优秀生群体的特点。他们综合素质高，全面发展或某一方面有突出表现，如奖学金或荣誉称号获得者，各级学生干部等，他们已经处于领先地位，内在发展动力相对较大，但是容易骄傲自满，也容易受到忌妒。因此他们需要被正确引导。最后，要把握学困生群体的特殊性。他们是最失落的人群，他们一般在中学时也是佼佼者，但是在大学里变成了落后者，因此难免有自卑心理，而且容易“破罐子破摔”。因此他们是需要特殊保护的群体。

抓两头和中间的动态转化，把握教育的实际效果。优秀生群体、中间生群体、学困生群体都处于一个动态变化的过程中，而且他们之间是在不断转化的。因此，大学生教育管理需要把握各群体的动态和转化。一方面，优秀生、中间生、学困生群体的人数在不断变化中；另一方面，对优秀生、中间生、学困生群体的划分也没有固定的标准。不同的划分标准，自然就会划分出不同的群体。面对不同事件，学生由于价值观和理解力不同，会分化出不同的利益群体。学习优秀的学生，实践能力不一定强，人际沟通能力也不一定强。学习中等的学生、学习落后的学生，实践能力可能很强，人际沟通能力也可能很强。事实上，笼统的优秀生、中间生、学困生都是很难定义的，只要某一类群体人数最多，这部分群体就成了中间群体。可见，各类群体的学生分布是交叉重叠的。因此，无论是抓中间，还是抓两头，都要抓群体的动态。

抓群体动态的要义是促进群体的正向转化。正向转化就是使中间生转化为优秀生、后学困生转化为中间生甚至优秀生，使这三个群体都往好的方向转化。由于转化是常态，而转化是双向的，因此要防止负向转化，即要注意防止优秀生转化为中间生甚至学困生，防止中间生转化为学困生。正向转化越多，也就是教育管理的效果越好。因此要尽力扩大优秀生群体，缩小学困生群体。毛泽东指出：“外因是变化的条件，内因是变化的根据，外因通过内因而起作用。”对各类学生促进正向转化的方法有很多，但原则只有一条，这就是按照各类群体的特点，分别激发他们积极向上的内动力，并创造各种良好的外部环境，实现他们正向转化的目标。

第二章 大学生教育管理的创新研究

第一节 大数据与大学生教育管理

随着我国教育事业的不断发展，产生了大量数据信息。通过将大数据与大学生教育管理工作相结合，大力提升了教育管理质量与管理效率。本节将大数据与大学生教育管理创新作为研究对象，希望可以起到抛砖引玉的作用，并给相关工作者带来一定的启示。

依托现代化信息技术，以教育数据为基础，通过不断更新与优化创新型教育管理工作，使大学生教师的整体素养大力提升，并不断丰富了大学生教育管理理论研究。然而，现实中，大学生教育管理工作还在一定程度上延续着过往传统的管理模式。因此，新时期，加大大数据与大学生教育管理创新研究就显得尤为重要。

一、大数据与大学生教育管理概念

（一）大数据概念

早在 20 世纪 80 年代，就产生了大数据概念。随着信息技术与互联网技术的快速发展与不断普及，大数据概念才被大众所知晓。所谓的大数据是一种数据集合，它呈现出数量大、数据类型多、更新速度快、准确性高等诸多特征。各行各业的数据分析人员，通过一系列的数据整合与分析工作，可以充分发掘数据潜在价值，进而为社会进步与企业发展提供充足的数据信息支持。

（二）大数据与大学生教育管理的关系

随着我国教育事业不断发展，我国高等教育积累了大量教育管理信息。大数据时代的到来，使大学生教育管理工作者逐步认识到大数据技术的重要性，并将其与大学生教育管理工作紧密结合起来。为了将大数据的信息价值充分激发出来，大学教育管理逐步改变了传统教育管理理念，并通过搭建数据平台，不断创新与优化教育管理方法。通过科学合理的运用大数据，教育管理者可以全面了解学生的学习情况与课外活动情况等。同时，辅导员可以通过学校建设的大数据软件，来全面了解学生的日常动态，并结合学生的实际情况建立相对应的培养方案，进而全面提升学生的综合素养。另外，借助于大数据，可以为奖学金、助学金、优团优干等评选活动的顺利开展提供全面的数据参考，以此提升评选结果的精准性。

二、大数据对大学生教育管理的影响

（一）大数据为教育管理工作创造了良好的条件

首先，大数据时代下，教育管理工作方式逐步得到了更新与优化。借助于大数据，学校可以结合学生的个体性差异，制定出富有针对性的教育方法。通过将大数据技术应用于大学生教育管理工作中，突出了以学生为本的教学理念，并实现了教学形式的多样性，为国家培养出更多高专业素养的人才。

其次，大数据有利于创新大学教育管理方式。随着我国教育事业的不断发展，以往传统的教育管理方式弊端逐步显现。比如，管理效率较低、管理方法过于单一等。在传统的教育管理方式中，数据处理工作多数是依靠人工处理，一旦出现人为失误，将会直接影响到数据处理质量。同时，人工处理方式往往采取层层分管任务的方式，这不仅降低了工作效率，也影响了教育工作质量。通过将大数据运用于大学生教育管理工作中，则有助于管理人员科学合理地调用数据库，来高效地完成管理工作。

最后，大数据提升了大学生教育管理的预见性。依托收集的数据信息，学校可以提前预知可能发生的问题，并制定出适宜的解决措施。

（二）大数据给教育管理工作带来了诸多挑战

首先，由于缺乏充足的资金支持，高校教育管理缺乏科学完善的信息化管理平台，无法有效整合教育管理信息，并影响到数据信息的使用价值。其次，大学教育管理人员的专业素养有待进一步提升。管理人员多是依靠以往工作经验与传统的人工操作方式来展开教育管理工作。而大数据时代的到来，使得数据量逐步增加，也加大了教育管理难度，只有不断地更新与优化管理方式，才可以更好地满足现实发展需要。最后，数据安全性有待进一步提升。大学教育管理工作会涉及多方面的数据信息，比如，学生的个人信息。一旦学生信息被泄露，就会给学生造成不可预测的侵害。学校在收集信息过程中，难免会涉及学生的个人隐私信息。为了充分保护学生隐私，学校就需要加大数据监管力度，并制定出健全的数据安全防范措施。

三、大数据时代大学生教育管理创新策略

（一）建立科学规范的大数据教育服务系统

首先，各个高校需要展开深入调查，来全面了解学生与教师的实际需求，并结合现实需求制定出健全的师生服务系统。此系统需要涵盖学生生活与学习各方面的信息，进而帮助学校全面评定学生的综合素养，并帮助学生对自己有一个清晰的认识。

其次，学校需要不断更新与优化服务系统。这不仅可以逐步简化教育管理程序，也可以将学生的个性化特征考虑进去。借助于数据统计软件，学校领导层可以全面分析数据信息，并制定出健全的措施，来进一步优化教学管理。

（二）加大数据安全管理力度

只有确保数据安全，才可以更好地促进学校管理工作的顺利开展。因此，新时期，高校需要逐步加大数据安全管理力度。具体措施如下：首先，提升基础设施安全等级。要确保数据系统与计算机等软硬件设施的安全性。对于一些关键信息的基础设施，学校需要严格遵守安全防护等级规定，并结合相应评估，来加强分层管理。其次，建立健全的信息安全预警系统。当信息面临被篡改、窃取等安全风险时，要及时启动预警系统，将风险扼杀在摇篮里。学校可以建立源头、环节与系统三个管理体系加密机制，大力提升信息的安全性。再次，要提升大学生与教育管理人员的安全防范意识。学生通过提高自身的大数据态势感知能力、事件识别能力、应急处理能力，来确保自身信息的安全性。最后，建立健全的信息保护机制。当数据信息被滥用或者个人隐私被侵犯时，学校要给予责任人与侵权者严厉的惩罚。

（三）依托数据库，建立信息化校园

大数据时代下，各个高校都在积极进行探索，通过科学合理地利用大数据技术，形成了符合学校发展需求的教育模式，以此来促进学校与学生的共同发展。为了更好地促进学校教育管理工作的顺利开展，学校需要依托数据库，建立信息化校园。从学校层面来讲，学校需要不断地更新与优化教育数据库，进而给学生提供全面丰富的数据支持。借助于数据信息，学生可以更为精准地评定自身发展情况，学校则可以全面分析出学生的学习情况，并结合学生个体性差异，制定健全的培养策略。

（四）加大新媒体应用力度

随着信息技术的快速发展，新媒体在人们的工作与生活中得到了广泛应用。比如，微博、微信等逐步成为大学生常用的社交平台。因此，学校需要加大新媒体在学校教育管理工作中的应用力度。通过建立学校官方微博，可以帮助新生更好地了解学校情况。同时，借助于学校官方微博，便于学生了解一些时政新闻，并吸引更多的学生加入微博宣传活动中，进而提升学校微博的影响力与使用率。在官方微博运行期间，学生可以与校领导进行积极互动，并提出具有建设性的意见与建议，帮助大学生教育管理者不断完善管理工作，进而提升管理质量和管理效率。

（五）建立健全的大学生教育管理大数据制度规范

首先，建立完善的大数据采集制度规范。各高校需要加大内部管理力度，确保收集到的基础数据的真实性与全面性，为大学生教育管理工作中大数据技术的应用提供强有力的数据支持。其次，学校需要结合信息存储情况，建立信息存储规范与使用标准。这样不仅

可以为学校各个部门的学习信息采集工作提供强有力的工作标准，也可以提升信息共享质量，确保学生个人信息的安全性。

（六）加大管理人员大数据技术培训力度

大数据技术在大学教育管理中的应用是我国教育事业顺应时代发展趋势的重要体现。大数据技术在大学教育管理工作中的应用，逐步提升了教育管理体系的科学合理性，同时也简便了管理程序。然而，管理人员的专业素养将直接影响到管理质量。因此，学校需要结合现实需要，制定健全的培养策略，加大管理人员大数据技术培训力度，以全面提升管理人员的大数据运用技能。

大数据时代背景下，如何将大数据技术科学合理地运用到大学生教育管理工作中，就成了新时期高校教育管理工作亟待解决的事情。以上内容阐述了大数据与大学生教育管理的概念，以及二者之间的关系，并在此基础上阐述了大数据对大学生教育管理的影响与大数据时代大学生教育管理创新策略。希望可以给相关工作者带来借鉴参考。

第二节　微时代下大学生教育管理

以微博、微信为代表的微时代，具有微规模性、创新驱动性、开放生态性和交互民主性的特征，其改变了社会的生存状态、高校学生的思维认知和行为方式，冲击着传统高校教育管理模式。围绕微时代的“小”“微”思维，从大学生的学习生活、制度设计、学术发展、专业技能、社会实践、互动平台等环境要素出发，探讨大学生教育管理生态系统的运行逻辑和组织功能，以构建和谐、多元的教育管理生态系统，强化服务育人功能。

随着信息社会的不断发展，社会生活进入微时代。微时代是以移动互联网技术为基础，以智能手机、平板电脑等便携式移动终端为核心媒介，以微博、微信等应用软件为基本载体，以微内容、微传播、微公益为表现形式，以短小精悍作为文化传播特征，充分体现了移动互联网技术和文化的高度融合。在互联网推动的微时代，人们的思维方式、行为方式在跳跃，我们周边的各种事物和社会管理方式亦在被“微化”。知识青年的认知和行为因此更加多元化，为大学生教育管理工作带来机遇与挑战。

一、微时代的特点

微规模。微时代以“微”见长，微言大义。伴随着社会节奏不断加快，交往频率不断提高，话语长度却越来越短，于是微缩化的传播方式和网络语言流行起来。以微博、微信为例，“快速传播”表现在以下三方面：一是篇幅短小、字字珍贵；二是快速刷屏、吸引阅读；三是微中致广、有价值内涵。微规模的信息和内容方便获取、传播简易，这种微信息以小见大，汇聚一个个细微的思想、一条条短小精悍的消息，最终结合在一起形成强大的社会力量，进而影响大学生的思维方式和行为表现。

创新驱动。微时代促使信息技术和社会文化高度融合，创造新的发展生态，在上述过程中创新精神得以充分体现。微时代的创新体现在以下几方面：一是理念创新，微时代秉承开放、共享的理念，以“用户至上”为中心，强调“服务用户”而非“管理用户”。二是技术创新，宏观上，由于大数据、云计算、互联网的发展，海量信息通过各种技术手段及时传播，打破物理空间的障碍；微观上，手机、掌上通信、无线网络的技术发展，使不同背景、不同思想的个体可以随时随地接收信息、参与互动，用户思维更加活跃。三是内容创新，微时代的信息内容紧扣社会生活实际，增强用户体验感，将复杂内容转化成碎片化、扁平化的信息以吸引用户，用互动交流的方式推动传播。

开放生态。生态是微时代重要特征之一，而生态本身就具有开放性。以微博、微信为代表的微媒体具备产生信息生态圈的条件，其生活性、即时性、便利性大大降低了信息发布和传播的门槛，每个人都可以成为自媒体，参与社会热点事件、公共事务、相关政策的探讨，发表并传播自己的观点。在微媒体中，微博和微信的生态圈特征又是有所区别的：微博可以在信息加工的基础上进行主动传播，不受关系亲疏影响，在传播中有可能形成互粉、互顶的新关系；微信的信息通常发布在朋友圈，首先传播给强关系人群，再以“滚雪球”形式由强关系人群进行进一步传播。由此可见，微博的生态系统是放射树枝状，而微信的生态系统则是圆圈加点线状。无论哪种生态系统结构，微媒体都具有生态开放特征，有助于打破传统封闭格局，将孤岛式结构连接起来。

交互民主。微时代的充分交互性，推动了民主文化的发展。一方面利用微媒体、微平台，学生通过私人化、个性化的语言诉说个体的情感和经历，真实表达自己对社会生活的观察理解，呈现“去中心化”“消解大叙事”的后现代特质；另一方面，在网络公共空间，大学生也积极关注社会热点、国家大事，微媒体、微平台为大学生提供了参与社会事务、发表观点、表达诉求的途径和渠道，激发学生参与民主活动并表达民主意愿的动机和需要，为民主文化提供良好的土壤。在交互性充分发展的微时代，学生的公民素养得到提升，他们开始接触民主、践行民主，沟通机制的畅通便于消除误解偏见、增进理解和信任、化解危机困境，使社会关系更加融洽、人文关怀更加浓厚、民主意识更加凸显。在微时代之前，传统的高校教育管理过程是在良好的课堂、办公室环境中，通过教师讲授、学生静听这种自上而下的方式开展，具有指导性和管理性的特点，但师生互动较少。随着大数据、互联网技术的发展，微时代迅速到来。在整个教育系统中，高校作为思想活跃、知识密集、信息技术应用充分的前沿阵地，其受到大数据的影响更为深刻和全面，大数据甚至已经成为推动高等教育创新发展的重要战略引擎。微时代的微规模性、创新驱动性、开放生态性和交互民主性冲击着传统大学生教育管理模式：青年学生积极参与并推动微时代的发展，网络化生活已成为当代大学生的常态，对大学生思想和行为也带来了全方位、深层次的影响。因此，本节倡导立足于微时代的特征，构建大学生教育管理生态系统，以期对大学生教育管理的各方面起到积极启示作用。

二、微时代大学生教育管理生态系统的环境要素

生态系统论是由布朗芬布伦纳（Bronfenbrenner）提出的个体发展模型，该模型强调发展个体嵌套于相互影响的一系列环境系统之中，在这些系统中，系统与个体相互作用并影响着个体发展。由于生态系统的构成要素主要包含生物要素（学生）和环境要素（制度规则、资源环境），本节将以南京J学院为例，结合教育类专业，重点探讨教育管理生态系统中环境要素的构成，分析大学生教育管理工作如何依托“小”“微”形式，以小见大、以点带面，实现全员、全过程、全方位育人。

（一）学习生活微格化

“微格化”组织管理模式是一种以小组为单位、组内成员协作学习的学习形式和管理模式，它突出地体现了学生组织的主体性、合作性和活动性。J学院包含教师教育、课程与教学论、学科教学等11个教育类专业。为加强组织凝聚力，各专业化整为零，从“小”处着手，根据学科方向成立小组，每组成员8人左右（一般为相邻宿舍），建立QQ群、微信好友群，提倡“微格化”的学习生活。每个小组由党员学生或学生干部担任组长和副组长，开展专业学习帮扶活动、思想教育引领工作，关心困难同学生活，了解小组成员精神状态和心理健康状况，对于特殊问题或紧急事件，及时上报学院介入处理。学习生活的微格化管理，一方面可以增加学生的情感交流，提高内部凝聚力；另一方面也起到了学院安全阀的作用，化解矛盾、疏解冲突。

（二）制度设计精细化

1. 红色导师机制引领思想

建立红色导师机制，推动红色理论学习与专业科学研究，创新导师全程育人、全方位育人途径。成立红色导师团队，学生自由选择红色导师形成团队小组，以《红色导师“三育师心”学习记录手册》为抓手，一育党性：在导师带领下，开展红色书籍阅读、线上线下摘录全句、撰写思想感悟，开拓学生的红色理论库建设；二育德行：通过人物访谈、红色导师播报教育等活动，了解红色导师的师道精神、教育理念，共享导师的人生经验，弘扬师道的力量；三育创新：在导师引领下，开展红色沙龙、手绘党章、撰写微语录等活动，在经典中创新形式、启迪思维，加深学生对于科学思想的理解，认真踏实并具有创新性地坚持教育事业。最终从党性、德行、创新三方面达到教学相长、师生共进的目标。

2. 综合测评体系考核细化

构建和完善学生的综合测评系统，发挥综合测评系统的导向功能。根据目标管理理论，管理效能 = 方向目标 × 工作效率，如果目标方向错误，效率越高，管理效能反而越差。因此，有必要建立起学生综合测评的总体管理目标及其之下的各子目标，从整体上把握目标管理的正确方向。正确发挥系统导向功能，在新生入学时就提出综合测评的考评指标和测评方法，制定具体可行的目标，激励学生采用自我指挥和承担责任的形式，引导其自身

综合素质的提高。J 学院学生综合测评分三级指标体系，包含宏观、中观、微观三个层次，运用定性和定量相结合的方法开展科学测评，评估过程录入网上综合测评系统，并进行动态监测。

（三）线上线下微学术

与传统学术讲座不同，在微学术“小而精”的形式下，学生成为学术主体。微学术从“朋辈交流”“文理互融”“名师对话”三个维度展开。第一，“朋辈交流”维度。各专业学生围绕教育内容，讨论与本学科紧密相关的沙龙话题；第二，“文理互融”维度。采取文理互融方式，文理科生互相交流，培养文科生逻辑思维、理科生人文思维，以文理联通的方式，使学生在学习方法、个人志向、职业规划等方面得到启发;第三，“名师对话”维度。邀请国内外教授、一线教学名师分享学术思想，让学生与大师交流对话，切身感受师风师德的力量。在沙龙过程中亦可利用微信上墙等网络形式开展师生实时互动，沙龙结束后将学术资源进行网络共享，最终通过微学术活动，促进学生发现问题、研究问题、解决问题等学术能力的提升。

（四）微课竞赛练技能

以训练和提高教育类学生的教学设计和授课能力为目标，开展微课竞赛。微课包含正常课堂教学的全过程，涉及情境导入、概念阐释、理论迁移与应用、课堂反馈、小结与反思等环节，授课内容往往只有一个知识点，“小而全”是其主要特征。10 分钟左右的微课不仅需要将一个知识点讲透，使学生对授课内容有深刻的把握，而且对所截取的片段也要有所要求，应当能体现出重点、难点，同时具有亮点。对于比较优秀的微课讲解，录成视频后共享网络平台，推动普通学生利用网络资源开展学习，提高自身素质和技能。通过“小”“微”形式，让学生在短时间内展现精华授课，提高教育类学生的教师技能，为学生的职业生涯打下扎实基础，同时利用微媒体的传播功能，推动学生整体共同进步。

（五）星火行动微实践

结合所学专业，学生于社区和学校两个实践主阵地展开教育实践和服务，主要包括四点钟课堂实践、小学科学社团培育和传统节日文化活动。第一，开展四点钟课堂实践，为社区留守儿童提供基础教育服务，推动素质教育和爱国主义教育有机结合；第二，培育小学科学社团，在学校社团课上开设以科学引领发展的一系列科学课程，在寓教于乐中提高儿童的科学意识、培养儿童的科学热情和兴趣，同时也培养高校学生的服务奉献意识；第三，举办传统节日文化活动，在清明节、端午节、中秋节等传统节日开展文化活动，让学生对优秀传统文化有更深层次的了解和学习，培养人文精神，坚定文化自信。通过丰富实践活动体系、创新“小”“微”实践活动等形式，运用微媒体开展宣传和互动，辐射更多学生积极参与。

（六）小微平台资源共享

积极打造学院微信公众号、微博公众号、QQ 群和学生教育管理的易班 APP、一站式事务中心等。通过“小微媒体”，加大新闻和活动通知的覆盖面。第一，微媒体推广可以让各类新闻报道以及通知的形式更加生动，贴近学生生活，拉近与学生的距离，增加学生的关注度。第二，借助微媒体平台的强大聚合作用，吸引不同资源形成育人合力，将政策文件、授课内容、活动程序、测评反馈等教育因素融合到“小微平台”中，充分发挥网络媒体的吸引力和渗透力，实现多元化资源共享。第三，利用教育管理的“易班”APP 和一站式事务中心让学生参与自我管理、自我服务，提高服务效率；利用微博、微信、QQ 完成线上互动和答疑解惑，提高学生的民主意识，促进和谐校园文化的形成。

综上所述，微时代下以微博、微信等为主要传播媒介的微媒体、微平台正迅速占领学生群体，对高校学生教育管理工作的方方面面产生影响。高校需要结合学生实际情况，紧跟时代发展、主动创新，积极构建大学生教育管理生态系统。系统的构成要素主要包含生物要素（学生个体）和环境要素（制度规则、资源环境），结合微时代特征和专业特色，高校可以从学生个体维度（德智体美劳全面发展）、制度规则维度（学习生活微格化、制度设计精细化）和资源环境维度（学术发展、专业技能、社会实践、互动平台等）率先更新观念和载体，丰富内容和方法，从而构建大学生教育管理生态系统，创新“微时代”下大学生教育管理新思路、新局面。

三、大学生教育管理生态系统的运行逻辑

生态系统理论的核心要素包括个体和环境。该理论认为，环境是“一组嵌套结构，一个嵌套在下一个中，就像俄罗斯套娃一样”。换言之，就发展的个体而言，从直接环境（如同伴、家庭、学校）到间接环境（如社会文化），各环境系统彼此嵌套，每一系统都与其他系统以及个体交互作用，最终从不同方面影响着个体发展。该理论亦聚焦个体对环境的“适应性”，以及个体在适应环境过程中所运用的、与环境匹配的“动态均衡”及“互惠”的手段和方法。目前，国内关于生态系统论的研究大致集中于两类：一是从生态系统论的视角研究特殊群体，如针对自闭症儿童教育、老年人口照顾制度、反抗性儿童产生机制的研究；二是结合创新创业，探讨政府、高校和企业的“双创”系统构建。相比之下，对大学生教育管理生态系统的学术关注较少。

（一）大学生教育管理生态系统的三层维度

根据生态系统论的观点，把学生作为主体，置于一个多层次、立体化的教育管理环境系统中，学生与系统中的各要素在交叉互动中发展。J 学院教育管理生态系统有三个维度和七个要素。首先是学生个体维度，关注学生成长需求，以培养德智体美劳全面发展的社会人才为目标，关注学生核心素养，关心学生身体和心理健康；根据学生的需求导向，有针对性地为他们成长成才创造条件、优化环境、配置资源、搭建平台。其次是制度规则维度，

包含学习生活（微格化）、制度设计（精细化）两大要素，微格化仅是一种学生空间关系的再分配，更是权和责的再落实，微格化管理对学校教育管理部门提供友好透明渠道，通过多层渠道体系实现信息有效利用和资源优化配置；而合理的制度设计在微时代动态复杂背景下，有助于实现多组织目标协同和导向驱动，降低学生管理和服务的复杂性，提高教育的有效性。最后是环境资源维度，既包含第一课堂的内容，如学术发展（微学术）、专业技能（微课），也包含第二课堂内容，即社会实践、互动平台；第一课堂是教育主阵地，体现专业性、学术性，第二课堂是第一课堂的延伸，体现实践性、开放性，两者围绕人才培养目标，有效对接、双向互动；第一、第二课堂的系统结合，能够有效增强学生自主学习能力，引导树立科学的人生价值观，培养创新创造精神，提升综合素质，发挥两种课堂协同育人功能。系统中的学生个体、制度规则和环境资源三层维度由于组成上的差异，使不同维度的要素在系统中的地位、作用、结构和功能呈现等级秩序，形成不同质性的系统等级，对应体现了生态系统论中的微观系统、中观系统和宏观系统，而不同维度的子系统又有不同的功能。合理有效的制度规则要素同涵盖第一、第二课堂的环境资源要素围绕学生主体地位，以三维度立体化结构形成有机整体，共同构成教育管理生态系统。教育管理生态系统还呈现出学生和环境要素（制度规则、环境资源）之间的相互作用和影响，有效地将学生主体与外在环境要素的关系通过图示呈现出来，厘清了资源要素之间能量的流动和各要素的关系本质。七大要素相互联结、相互依赖，每一要素以弱关系的方式影响着其他要素的同时，又以强关系的方式影响着学生个体。

（二）大学生教育管理生态系统的自组织功能和服务功能

在学生与环境互动这个前提下，要满足学生德智体美劳全面发展的需要，以立德树人为根本任务，环境必须提供足够资源，并鼓励人与环境做“正面积极的互动”。因此，提升学生综合素质时，学生与教育管理生态系统环境要素的互动状态是我们关注的焦点之一，也就是说，学生的需要是否能有效地满足取决于学生与这些环境要素之间能否有效地协调互动。在现实运用中，我们发现学生的需求未能满足，或学习生活产生障碍主要出于以下几点可能的原因：环境中的资源不足；资源要素未能有效协调；因缺乏有关的知识和技巧使学生未能获得所需的资源；学生与环境之间未能成功进行“互动”。因此，我们要利用微时代的开放生态和交互民主的特征，着重整合互动平台（小微媒体），发挥系统的自组织功能和服务功能。

系统的自组织功能是指开放系统在内外因素的作用下自发组织起来，使系统从无序到有序，从低级有序到高级有序；生态系统各要素相异性的存在，导致非平衡态出现，并通过使系统与外界环境不断进行能量、信息交换，创新系统的自组织功能。大学生教育生态系统是一个动态结构模型，包含四个组成部分，即服务对象（学生）、教育管理部门、互动平台、线下资源；形成了七个渠道：一是信息发布渠道，二是信息反馈渠道，三是信息上报渠道，四是信息更新渠道，五是资源配置更新渠道，六是服务渠道，七是双向互动渠道。由此可见，教育管理部门与服务对象（学生）之间形成多层互动，包含直接互动和间接互动，其中起核心作用的是互动平台（小微媒体）。互动平台一方面为学生提供大量信息和资源，利用新媒体推动资源整合和信息矩阵传播，利用“易班”APP和一站式服务中心，简化学生办事流程，提高运行效率，发挥信息化优势；另一方面将学生的问题和需求及时反馈，上报教育管理部门，促进线上资源整合、优化配置，线下项目延伸、服务拓展，提高教育管理的质量，保障服务的可持续性，实现大学生教育管理生态系统的自组织功能。

大学生教育管理生态系统的构建是一种需求导向的“服务、效率与资源共享”，这与微时代的特征有高度一致性。大学生教育管理生态系统的自组织功能可以有效协调资源不足、资源配置不合理等问题，另外通过互动平台和线下资源开展相关知识和技能的有效传播，为学生个体和环境进行“正面积极的互动”提供可能。基于学生的需求导向，除了常规的环境要素（制度规则维度、环境资源维度）可以开放共享以外，资源配置更新后的环境要素不仅能够为学生提供更多专业化服务、满足个性化需求，还能借助互动平台建立学生的利益表达机制和协调机制，自下而上地理顺教育管理中的师生纽带关系，方便教育管理部门及时掌握学生动向，有效解决管理难题。借助大学生教育管理生态系统，通过资源共享、快捷反馈和高效服务应对传统教育管理僵化和低效的问题，推动教育管理由机械的管控功能向积极的教育服务功能转变。

四、大学生教育管理生态系统的启示与建议

（一）倡导开放平等的教育理念，构建和谐教育管理生态系统

在微时代背景下，高校党政干部、专职教师、辅导员和班主任等大学生教育管理工作核心队伍要加强理论学习和技能拓展，不断促进自我思想认识转变和知识结构更新，同时加强小微媒体等互动平台的操作技能，倡导开放包容的教育理念，推动师生共同进步。在传统教育管理模式下，教师在教育过程中处于权威主导地位，是知识和权力的主要掌控者，而学生则处于被接受、被管理的地位，缺乏与教育管理者平等交流的机会。大学生教育管理生态系统创设了虚拟与现实共存的环境，其创新驱动和开放生态性的特征为发挥教育合力创造了条件。教育管理者由传统主导地位转型为引导服务者，发挥着积极性、主动性和创造性，教育者与学生地位平等，把数字化网络教育和传统课堂教育相结合，走入大学生群体内心，融入其生活，从他们实际需要出发提供引导和支持，提高教育管理的丰富性。小微媒体的互动平台一方面为教育管理者提供课堂之外融入大学生生活和真实内心世界的沟通交流平台，及时了解学生的思想动态、心理健康、学习状态、热点关注、需求评估等各方面综合情况；另一方面也建立了全员育人的平台，所有教育管理人员都可以在互动平台上与学生互动交流，及时掌握网络舆情、化解矛盾，对大学生进行正面引导和教育，实现全员全程全方位育人，构建和谐的教育管理生态系统。

（二）引入微时代网络思维，构建多元教育管理生态系统

网络思维强调“用户至上”，将微时代网络思维运用到大学生教育管理中，就是要树立“以生为本，重视个体”的人本主义思想。个体的尊重需要位于马斯洛需要层次理论中的较高层次，能否满足学生需求是教育管理工作能否取得实效的关键。通过互动平台的数据反馈和分析，综合了解学生思想状态和实际需求，为学生“用户”提供更加优质的教育管理“服务”和“产品”，具体有以下三方面要求：第一，遵循大学生成长规律和高校育人规律，利用小微媒体，把握教育管理的发展方向，在教育管理生态系统的教育内容、方法、制度规划、学术发展、实践环节、活动载体、互动平台、评价标准等项目的设计和实施方面，都要立足于解决大学生的思想和实际问题；第二，在构建多元教育生态系统的过程中要尊重学生在教育管理过程中的主体地位，在为学生提供系统的信息和教育资源基础上，要强调学生具有自身的特点和需求，重视情感因素、校园文化育人作用，不断充实和完善教育管理生态系统的层次和内容，与时俱进；第三，引导学生通过教育管理生态系统，开展自我教育、自我成长，最大限度发掘学生的主动性，积极参与教育管理过程，引导学生对网络信息自主收集查找、过滤筛选和实践应用，引导其做出正确的价值判断，推动民主文化发展，构建多元教育管理生态系统。

（三）整合资源开启“智慧微生活”，强化教育管理生态系统服务育人功能

大学生教育管理生态系统以信息化、制度化、层次化为手段，在关注广大学生的普遍需求基础上，借鉴“小”“微”形式，把教育管理的焦点聚集到满足学生的差异化需求上，强化教育管理的育人服务功能。大学生针对大学生日常生活中大量“碎片化”时间和小微媒体实时传播、无缝衔接的特点，大力整合资源，推进教育管理生态系统建设和完善。合理开发教育生态系统的多层次内容，利用小微媒体整合学习生活、制度建设、学术素养、专业技能、社会实践等线上线下、校内校外资源，引入时效性强、具有指导性的教育内容，传递青春正能量。在微时代背景下，教育管理要将思想教育的引导性和微媒体传播的规律性有机结合，把“大知识”转化成通俗易懂、贴近学生实际的“小道理”，增加亲和力、针对性，嵌入学生“智慧微生活”，将传统教育管理的理论化知识以鲜活化、碎片化的信息形式吸引学生，用互动化、社区化的方式提高传播和学习效率；打造鲜活生动的小微媒体互动平台，搭建教育管理者和学生交流学习的互动空间，邀请高校领导、学术权威、教育专家、网络大V加入互动平台，营造积极向上的网络文化氛围；充分拓展网络平台，利用微博、微信、易班APP、一站式服务中心、QQ群等“微平台”，开展有针对性的舆论引导，积极回应学生呼声、答疑解惑，关注学生动态，循序渐进、螺旋上升式开启学生“智慧微生活”，加强服务育人功能。

第三节 “三位一体”大学生教育管理

辅导员负责学生的思想政治教育和日常管理事务性工作，班主任负责指导班风和学风建设及学生的个人发展和人生规划等，导师则主要负责所在课题组的学生的思想动态及学习状态，负责对自己团队内学生的学业知识和科研活动进行专业性的辅导。充分调动辅导员、班主任和导师的积极性，形成三位一体的大学生教育管理新机制，有利于提高教育管理水平。

辅导员队伍是目前高校本科生思想政治教育和管理工作的骨干力量，传统的单一由辅导员从事学生教育和管理的工作方式在目前的高校本科生管理中的不足和短板已经凸显。近年来，许多高校在学生教育和管理工作中提出了新的思路，充分发挥资源优势，先后引入了班主任制和导师制，从而形成了辅导员—班主任—导师三位一体的学生教育与管理的新模式，该工作机制能够有效弥补传统单一辅导员工作体制的不足，提高学生教育和管理的效率。建设以辅导员为骨干、班主任和导师为补充的三位一体的学生教育和管理队伍，实现“1+1+1>3”的教育和管理效果，仍然有很多工作需要探索。在新的形势下，需要分析辅导员、班主任和导师制工作机制面临的新机遇与新挑战，在此基础上，探讨三者合力协作的教育管理新模式，以提高学生教育管理工作的效率。

一、单一的辅导员工作制度的不足

目前高校辅导员队伍大都比较年轻、有热情，方便与学生沟通，能够及时了解学生的所想所需。但是，现行的单一辅导员工作体制也存在着明显的不足，主要表现在以下几个方面：首先，辅导员受学校、学院、学工系统及团委等多部门领导，工作范围广、涵盖面大、任务重，大部分时间都在处理日常琐事，很难有精力和时间专门处理学生思想政治教育方面的问题和工作。其次，辅导员队伍不稳定，流动性大，而且由于工作量比较大，导致很多工作难以有效开展或深入实施，因此，导致辅导员难以专心地做好学生的思想政治教育和管理工作。再次，目前很多高校一般都是一名辅导员带一个年级中多个不同专业班级学生，辅导员自身专业很难和学生专业相同，因此，对于专业方面的问题，如学业指导、未来发展和职业生涯规划等，辅导员很难给学生提供合理的意见和建议。最后，现在大学生群体状况也逐渐出现了新的变化，由于高校相关制度和工作体制的改变及人才市场需求的变化，大学生比以前面临更大的经济、就业和学习等多重压力。

因此，如何解决高校规模不断扩大、学生问题不断增多与辅导员队伍力量相对薄弱的矛盾，是摆在很多高校面前亟待解决的现实问题。

二、三位一体的学生教育管理工作实践

（一）三者的职责及分工

在以辅导员为学生教育管理骨干的基础上，再为不同专业班级的学生配备一名班主任，为每一个科研小团队配备一名专业导师。其中各专业班级的班主任和科研小团队的导师均是从学生所在专业的教师中择优选拔。为了更好地完成本科生的有效教育和管理，以辅导员为骨干、班主任和导师为补充三位一体的工作模式，三者既分工明确，又相互协作。

辅导员是大学生日常思想政治教育与管理工作的实施者、组织者和指导者，发挥着“辅”与“导”的作用，是高校专职从事思想政治教育工作的教师，主要负责大学生的思想政治教育、日常教育管理，培养和促进学生全面发展，并完成学校所规定的各项管理工作任务。其工作职责主要包括：思想政治教育、心理健康教育、团学活动与组织建设以及学生就业管理等等。但是，目前总地来说，高校辅导员工作日益繁杂，不仅包括大学生思想政治和理想目标等的指导教育，同时还包括人格品质的教育和帮助。因此，辅导员既要对学生内在心理健康进行清楚地把握，又要对学生所处的学习环境和条件给出正确的评估，同时还要处理好学生的日常事务和管理服务等多方面工作。

班主任一方面在课堂上是教学工作的实施者，另一方面，在学生教育管理上又是班集体的组织和引领者。在班级管理工作中，班主任工作重点包含：班风建设。班风是一个班级的风气、班级学生的思想和人际关系等多方面综合的反映，班主任要使班集体形成一种良好的学习风气和氛围，发挥好带头和指导作用。班级管理工作，班主任要树立“学生为本”的管理思想，营造民主的氛围，引入竞争合作机制，创建民主、和谐积极的班集体。学生成长成才职业生涯规划。班主任应当引导学生对大学期间的学习、生活进行总体的规划和设计。与以思想政治教育工作为核心和以情感为主的辅导员工作不同，班主任主要是以学生的学业发展指导为主。因此，如果说辅导员工作的重心是以情感教育为主的德育与美育，班主任工作则是以引导教育为主，更侧重德育与智育。

本科生导师制是高校借鉴研究生管理方式而引入的一种本科生教育管理新模式，在很大程度上弥补了辅导员在学生个人专业技能培养方面的不足和学生教育与管理中所缺少的个性化的东西，为培养创新创业型人才打下坚实的专业基础和提供可靠有力的保障。与班主任制度相比，导师制的工作重点是解决学生的专业化和个性化发展问题，其任务是着重解决学生在个性化和专业化发展的过程中所遇到的方向性及学以致用和传承创新等更深层次问题。导师利用自身的专业优势，启发和引导学生去主动学习和获取与自身发展密切相关的专业性知识，导师的主要工作职责决定了导师不再局限于课堂上传授专业性知识，同时在学生管理中，也组织启发、引领学生自主发展。因此，如果说辅导员工作是以情感教育为主、班主任工作侧重以引导教育为主，那么导师制则体现的是以专业化教育为背景的因材施教。

（二）三位一体的协作模式

打造一支以辅导员为骨干，班主任和导师为补充，三者有机结合的强有力的学生教育和管理工作队伍，为提升大学生的综合素质而共同出力尽责，这一管理模式越来越受到各大高校的重视。这种模式的具体分工如下：辅导员主要负责学生的思想政治教育、心理健康教育和日常管理事务性工作，组织学生参与团学活动与建设等；班主任只管理一个行政班级的班风和学风建设、专业知识、学生的个性化发展、长远目标和人生规划等方面；导师则主要负责其课题组几名学生的思想动态及学习，负责对自己团队内学生的学业知识和科研活动进行专业性的辅导。辅导员与班主任、导师三者的工作重心不同，三者在工作上既有交叉，又互相补充。

首先，要建立完善相关选拔及考核制度。班主任应选拔工作积极性高和责任心强的专业教师担任；本科生导师应挑选科研能力突出的讲师职称以上的教师担任。同时在建立相应的考核制度时，应当注重工作的成效和学生的反响，要对辅导员、班主任和导师的工作给予公正和客观的评价，制定相应的激励和奖励措施，以提高他们在学生教育管理工作中的主动性和积极性。其次，明确各自的岗位职责。三位一体的学生管理模式要以辅导员为纽带，串联班主任和导师工作。工作过程中，班主任和导师工作应以围绕与学生专业相关的问题为主。最后，建立三向沟通机制。良好的沟通是开展协作的基础。作为学生工作的主要管理者，辅导员掌握着最为全面的学生信息，这些信息不仅要传达给学校学生工作部和学院等上级管理部门，同时也应该将掌握的学生信息及时地传达给相应学生的班主任和导师，方便他们有针对性地给予学生及时的辅导和帮扶。班主任和导师同样也应将掌握的信息和发现的问题及时传达和反馈给辅导员，有助于辅导员清楚地了解班级或学生的情况，方便他们能够更加有针对性和有目标地开展指导和管理工作。班主任和导师应定期召开班级和科研团队的会议，必要时邀请辅导员参加。辅导员与班主任、导师应定期进行工作交流和沟通。

大学生的教育和管理是一项重要、复杂而又精细的工作，在具体的工作过程中，应建立有效的工作机制，不断创新工作方法，切实解决与学生密切相关的实际问题；应充分调动辅导员、班主任和导师三者工作的积极性，只有三者各司其职、各尽其责、协同合作，才能更好地做好大学生的思想政治教育和管理工作。

当然，在具体的学生工作中，辅导员、班主任和导师不能分工过于细化，而应本着以学生为本的思想，尽力帮助学生解决问题。在实际工作过程中，辅导员、班主任和导师三者做好沟通和协调工作，发挥各自的优势，共同为学生思想政治教育和管理工作及高校的人才培养创造有利的条件和营造良好的氛围。

第四节　新媒体背景下大学生教育管理

信息时代，网络媒体已经普遍受到热捧，大学生已是“低头族”中的重要组成部分，无论是在校内还是校外都能看见大学生玩手机的身影。因此，高校工作者要加强在此方面的管理，结合大学生的爱好特点将新媒体的优势发挥出来，借助新媒体通道对大学生开展教育和管理，提高他们在新媒体氛围中的综合素养。

近年来，互联网覆盖范围越来越广，再加上智能手机的普及，为新媒体盛行提供了外在和内在条件，使它成为这个时代的新宠。大学生是社会中最特殊的群体，大学校园又相当于一个微型社会，很容易受到外界信息的影响。在当下大学生的生活中，新媒体已然成为大学生生活的主阵地，成为大学生接收信息的主要来源，在一定程度上实现了“足不出户，尽知天下事”，但也占据了大学生大部分时间和精力。他们越来越依赖各种媒介，并通过各个新媒体获取信息来丰富自己的生活。作为高校教育者，需要紧跟时代潮流，结合新媒体的特点，对大学生进行个性化教育。

一、新媒体在大学生生活中的应用现状分析

（一）新媒体的应用现状

新媒体充斥着大学生的生活，虽在一定程度上丰富了他们的生活内容，但是也造成了许多不良的影响。大学生每天利用新媒体浏览信息的时间在三小时左右。新媒体使用方便、信息丰富的特点赢得了大学生的依赖。无论是通信还是信息浏览，新媒体一直是最受大学生欢迎的选择。

大学生喜欢追求新奇，因此在新媒体上浏览的信息主要包括明星舆论、生活娱乐和各种知识，同时对社会热点主动关注程度也有一定的提升，大多数学生会在新媒体上浏览社会新闻或者关注国际事件。尤其在社会热点问题探究上一般不会盲目跟从形形色色的评论，而是尊重已有的媒体态度。有的大学生会利用网络查询资料，获取校园动态，甚至通过新媒体分享自己的兴趣爱好和生活动态，又或者在此平台上宣泄自己的情绪。

（二）大学生在新媒体应用上的态度

新媒体是建立在网络环境中的虚拟世界，规避了人们面对面交流的尴尬和拘束，因此颇受人们的喜爱，特别是大学生对新媒体的应用更是达到极致。微信、微博等已经成为大学生日常交往的有力工具。他们认为智能手机拉近了彼此之间的关系，朋友圈点个赞、微博互相关注是一种别人在乎自己的表现。为此较多人热衷点赞和大面积关注他人。生活实用类 APP，像美团、滴滴等，也成为大学生生活中离不开的工具，大学生甚至将社交视频类作为一种日常消遣。有相关调查显示，大部分学生在新媒体利用上会保持理智，注重隐

私保护，尊重他人权益，只有一小部分学生会沉迷于此，在思想和行为上出现偏差。此时就需要高校教育工作者落实管理，帮助大学生科学、合理地应用新媒体。

二、新媒体给大学生带来的影响

（一）新媒体应用给大学生带来的正面作用

首先，新媒体中信息来源广泛，丰富了大学生的认知，在很大程度上提升了其知识的高度；其次，新媒体中的教育平台为学生提供了新的学习方式，学生不用再依靠教师的亲自传授，能够进行自主学习，还可以实现个性化学习；再次，新媒体中虚拟化的网络世界使学生在交流中放下顾虑，在思想表达上更直接真实，促进了学生之间的交流；最后，互联网的广泛应用也丰富了大学生的社交网络，有助于人际关系的拓展。

（二）新媒体应用给大学生带来的负面影响

首先，新媒体占用了学生大部分自主学习的时间和精力。其次，零碎化的新媒体信息会打破学生原本知识的完整性。再次，娱乐性新媒体容易让学生沉迷，不利于自制力的培养。另外，虚拟化交往特点减少了学生与教师面对面沟通的机会，长时间接触新媒体会弱化大学生的沟通能力，不利于社交能力的培养。最后，新媒体中许多虚假信息会影响大学生价值观养成。结合以上种种问题和原因高校教育者要进行大学生教育管理，利用新媒体独特的优势，采取科学合理的管理方法提高工作的实效性。

三、新媒体背景下的大学生教育管理措施

（一）借助新媒体打造教育阵地

微信、微博、微视等媒介，是大学生获取信息的主要渠道，大学生的思维比较活跃，也喜欢接受比较前卫的、多种多样的教育方式，而新媒介的运用提供了活泼、新颖的教育元素，一方面管理工作者要充分利用新媒体打造教育阵地，如教育工作者可以建立为学生服务的微信公众号并开放图书馆自习座位查询、借阅查询、课表查询等功能，用大学生喜闻乐见的语言发布校园动态及学习生活指南。除此之外，定时推送一些网络热文，通过课堂或者班会进行交流和分析，从而提高学生的信息甄别能力。另一方面可以在公众平台上开展辩论、竞赛等活动，学生可以以团队的形式完成整个活动的选定、策划，从而锻炼学生的信息处理能力。当然，在借助新媒体平台打造教育阵地的同时也要注意引导学生学会合理使用，杜绝网络沉迷，同时还要注重现实生活中的教学，让学生明白信息化工具的使用只是对各个能力的提升起到辅助作用，并不是主导作用，能力的培养还是要线上线下结合。

（二）提高大学生的新媒体素养

新媒体不单单是包括社交类，还有购物类、视频类、生活实用类、新闻资讯类以及当下盛行的社交视频类、游戏类等。丰富多彩的新媒体占据了大学生的日常生活，改变了大

学生的交流方式。在此种环境下，“素养”一词在高校教育中显得尤为重要，它能够培养学生正确的感情认知，使学生树立正确的世界观、人生观、价值观，能够在新媒体背景下独善其身。因此，教育工作者要加强对学生新媒体素养的培养，可以从素养渗透入手，利用新媒体传播素养知识，让学生学习和思考如何正确看待媒介信息，学会抵制信息的负面影响，从而确保学生在新媒体应用过程中得到有益的教育。此外，也可以直接从新媒体内容制作的角度出发，鼓励学生将学习生活中有趣的事通过各种媒介传播出去，与别人进行友好交流，学会新媒体的正确使用。无论从哪个角度着手都要以新媒体素养教育为基础，引导学生学会对形形色色的信息进行甄别，感受新媒体带来的正能量，运用新媒体让自己融入社会，增强社会实践能力。

（三）利用新媒体创新管理工作方式

大学生的教育管理工作离不开新的管理手段和管理模式，只有不断进行创新研究才能着实提高管理工作的效率。新媒体蕴含了海量的信息，教育工作者可以筛选优质的教学资源，将好的教学视频放到学习网站上，让学生领略不同风格的授课方式，实现学生线上多元选择。另外，新媒体交互软件的使用为教师与学生沟通提供了多元化渠道，教师可以根据不同学生的性格特点、兴趣爱好打造“特殊课堂”。快手、抖音、微视、美拍等视频分享软件的普及也促进了学习方式的创新，可以从学生的关注点出发鼓励学生制作学习短视频，潜移默化地开展思政教育，从而提高学生学习的主动性。创新教育管理工作方式最主要的是利用新媒体特征丰富教育信息，使大学生教育管理工作做到与时俱进。

（四）加强监测及反馈机制的创建

新媒体在教育管理工作运用的过程中必须加强动态信息检测与反馈机制的创建，主要包括对论坛、网站、微信等各个平台的检测，确保信息的教育意义和传输通道的流畅。管理人员不但要具备监督职能，更要有一定的反馈职能，对上传的敏感信息进行甄别和筛选，尤其是对当下主流信息的采集，必须严格把控，本着实事求是的态度在教育管理工作中促进大学生的身心健康发展。这就要求管理人员分工明确，从上级党委到下级学生干部，各个部门及工作人员要做好协调，积极展开管理工作，从而形成一个完整的联动、协调机制，将学生在浏览和传播信息过程中的监测落到实处。

（五）正确引导校园信息，确保学生舆论

学生大部分时间还是在学校，所以教师需要对校园中的网络信息进行正确引导，充分发挥指导员及党团组织的作用，帮助学生正确甄别信息，保证新媒体发挥有益的教育意义，促进大学生“三观”的形成和心理健康发展。管理人员要深入大学生群体，与学生进行沟通交流，从而掌握大学生对待新媒体的态度和心理活动，以便有针对性地利用新媒体传播媒介引导信息的正确传播，使信息与学生的兴趣、生活、特点相贴合。最好的方式是管理人员建立自己的新媒体交流平台，如博客、论坛，鼓励学生关注信息动态并积极参与互动，这样就拉近了师生之间的距离，便于集中对大学生进行教育管理。

新媒体时代冲击着高校大学生教育管理工作，在管理过程中既不能断绝学生对新媒体的接触，也不能放任学生“遨游”在新媒体的潮流中，应该紧跟时代步伐，采取科学有效的管理方法，充分发挥新媒体的优势，加强学生新媒体素养的培养，树立正确的价值取向，保证大学生在新媒体背景下健康成长。

第五节　“互联网 +”时代大学生教育管理

2015 年 7 月国务院下发的《关于积极推进“互联网 +”行动的指导意见》明确指出，将“互联网 +”纳入国家战略，以互联网为基本要素与经济社会各领域结合。这当然也包括教育领域，并鼓励高校深化“互联网 +”行动，打造网络化大学生教育管理工作新模式。“互联网 +”是一种新的经济运行和社会管理模式，它把网络和传统管理模式有机融合，创造出一个全新的发展领域。2019 年 8 月 30 日，中国互联网络信息中心（CNNIC）发布的第 44 次《中国互联网络发展状况统计报告》指出，截止到 2019 年 6 月，中国网民规模达到 8.54 亿，其中，受过大学专科及以上教育的网民 20.2%，互联网已经成为大学生群体进行沟通交流的重要途径。网络上的信息良莠不齐，对于大学生群体来说，这些信息不仅影响着他们的学习生活，而且会影响他们的思想和认知，所以引导大学生正确认识和使用互联网就成为大学生教育管理的重要工作之一。面对新的“互联网 +”时代，传统的模式已经不再适应当前的形势，大学教育管理工作者需要创新教育管理模式，主动适应“互联网 +”时代的发展要求，提高大学生教育管理工作的实效。

一、“互联网 +”时代对大学生教育管理工作的意义

大学生教育管理工作从一般意义来说，就是高校的管理者通过管理组织和管理制度对校内的学生事务进行管理，协调优化高校教育资源，最大限度地实现教育管理目标的管理活动。随着高校的发展，传统的教育管理工作模式已经满足不了“互联网 +”时代对大学生全面发展的需要，这就要求高校管理者要不断地进行研究，探索新的管理模式。“互联网 +”时代的到来，对大学生的教育管理工作提出了更高的要求，大学生教育管理工作也迎来了新的机遇和挑战。打破传统的教育管理方式，创新探索新的方式方法，将互联网技术应用在大学生教育管理工作中，使教育管理工作更加科学化。

（一）“互联网 +”为大学生教育管理工作提供了更便捷的信息获取平台

大学生教育管理工作需要了解学生的日常生活、学习和思想情况，了解学生的发展动向，并从中找出与教育管理目标的差距，然后对教育管理方式进行改进调整。互联网信息采集功能为大学生教育管理工作提供了更便捷的信息获取平台，对学生的学习行为及学习进程等进行全面分析，根据数据呈现的规律性，给予学生有针对性的指导，提升学生的学

习效率。高校教育管理工作者通过互联网可以获取更多的关于大学生教育管理的工作经验和心得，学习新的工作方式方法，提高工作效能。

（二）“互联网 +”提高了大学生教育管理工作的针对性

互联网可以为教育管理工作者在进行学生问题的研究探索中提供较为便捷的数据资料获取途径。高校教育管理工作者对大学生要有思想引领的能力，要了解学生的思想动态。互联网舆论对学生的影响越来越大，高校教育管理工作者必须运用好互联网，发挥好在学生教育管理中的作用。互联网提供的数据可以使教育管理工作者更清晰地了解当代大学生思想的波动状况，对大学生进行有的放矢的思想引导和教育，帮助大学生树立正确的世界观、人生观和价值观。

（三）“互联网 +”提高了大学生教育管理工作的实效性

由于电视报纸等传统媒介的传播能力弱化，大学生获取信息主要通过互联网的各大平台，同时互联网信息传播快捷和信息放大化的特点，使微小的事情也可能在互联网上广泛传播引起社会热议，这使学生更习惯于从互联网上获取信息。因此高校教育管理工作者一定要把握住互联网信息传播可以使管理工作提高效率的特点，通过互联网与学生互动，提高教育管理的影响力和实效性。

（四）“互联网 +”增强了大学生教育管理工作的感染力

互联网技术的快速发展，使互联网信息的传播方式不断发生改变，传播能力更强，传播方法更简单。互联网的信息传播方式从最原始的文字，发展到图文形式，再发展到现在的短视频形式，使内容更简洁，方式更容易让人接受，感染力更强。大学教育管理工作对网络技术的应用，不仅可以提高教育管理工作的效率，而且使大学生的教育管理工作由静态转变为动态，从单一的书面文字转变为丰富的图文、视频等多种方式，使大学生教育管理工作更加多样化，更富感染力。

（五）“互联网 +”推进了高校素质教育的发展

高校素质教育的主要目标是使大学生在思想道德修养、专业文化学习、体育锻炼、美育欣赏等多方面得到全面发展，同时注重大学生的个性化发展和兴趣培养。互联网丰富的内容形成的网络文化深深地影响着大学生群体，主流的网络文化更符合当代大学生的文化需求，大学生在互联网上学习到不同的文化，开阔了眼界，增加了自身的知识储备。许多性格内向的大学生在互联网上可以更加自由开放地与他人进行交流，提高自身的独立性和交际能力。互联网在教育管理中可以更大程度地推动素质教育的发展。

二、“互联网 +”时代大学生教育管理工作存在的问题

“互联网 +”虽然近几年发展迅速，但是发展周期短，在互联网应用的各个领域，包括大学生教育管理工作存中在着这样那样的问题。

（一）高校网络化团队水平不高

随着互联网技术水平的不断提高，在大学生的教育管理工作中，互联网技术的应用不再只是通过互联网进行通知下发，而是对大学生的教育管理工作有了更高的要求，但不少高校缺乏网络教育管理的专职人才，使得高校在大学生教育管理的互联网建设中存在滞后性。同时有的高校在互联网的使用规范等方面还存在诸多问题；互联网资源整合与价值挖掘还处于学术研究阶段，实践探索内容很少；还有很多高校虽然建设了比较完善的互联网系统，但由于缺乏互联网技术与实践操作的专业技术人员，导致很多设备和功能不能充分利用，大学生教育管理工作效率并没有得到多少提高。

（二）高校教师的网络素养不能满足整合各种教育资源的需要

在“互联网 +”时代，做好大学生教育管理工作需要具备较高的网络素养。保证高校教师可以在“互联网 +”时代能够在复杂的信息条件下对形势做出判断，同时通过掌握熟练的互联网技术提高工作效率。随着互联网设备的不断更新和技术应用范围不断扩大，与高校教学相配套的互联网教学设备已经相当完善，但是在高校教学中互联网技术应用并不广泛。任何制度和体系都需要人去维护，任何工作都需要人去操作完成，所以高校教育管理工作质量的提高最终还是要落实到人上，但是当前高校优秀的网络管理人才缺口较大，教师还不完全适应“互联网 +”时代形成的新的教学环境，没有及时更新教育理念，无法付诸实践，因此互联网技术即使被应用到实际教学当中，教师也不能灵活自如地运用，也很难达到预期效果。要增强大学生教育管理工作的实效性，这个问题必须得到切实的解决。

（三）互联网使大学生价值多元化

过去学生获得的信息都是通过课堂等主流渠道，而这些信息往往都是经过层层筛选的，多以弘扬社会正气、传播社会主旋律为主。互联网的开放性使得信息来源渠道广泛，传播得更广、更快，多元的思想文化和价值观念在互联网上不断传播、交会。“互联网 +”时代的到来，使各个国家和民族的文化和价值观念以及思维方式都会在互联网上广泛地进行传播，大学生在新鲜感和好奇心的驱动下，将大量的时间和精力都放在手机和电脑上，大量庞杂的信息充斥着大学生的头脑。社会环境的复杂多变、多元文化的交汇，使大学生沉浸在网络的世界中很容易受错误思想的引导，对自己的人生观、价值观、世界观的形成产生不确定性。

（四）互联网使大学生沉迷网络

在“互联网 +”时代，大学生在学习到新知识的同时，也让很多自控能力差的大学生沉迷网络不能自拔，严重影响了他们在学校的正常学习和生活。互联网虚拟化的环境容易让意志力和自控力不强的学生陷入其中无法自拔。网络游戏、视频、抖音对于大学生的冲击力是很大的，大学生更容易使自己沉迷于虚拟的世界中。互联网在信息传播快捷的同时，还形成了一种“快餐式”文化，“快餐式”文化使大学生在学习的过程中情绪浮躁，对于知识的学习浅尝辄止并且缺乏理性的思考。大学生在“快餐式”文化的影响下，不仅不能全面发展，反而失去了逻辑思维能力和对事物的探究精神。同时互联网信息的隐蔽性也使得大学生群体不知道用什么样的方式方法来维护自己的合法权益，造成很多学生被网络诈骗，甚至还有个别大学生因缺乏法治观念，在互联网上当黑客传播网络病毒。

三、“互联网 +”时代大学生教育管理工作的创新途径

大学生教育管理工作的主要目的是为了培养人才。“互联网 +”打破了传统的教育管理方式，对当代大学生的教育管理工作提出了挑战，同时互联网本身具有的特点也为大学生教育管理工作的发展改革提供了机遇。互联网开拓了大学生教育管理工作的新空间，提高了大学生教育管理工作的效率。

（一）构建高校专业化的网络管理队伍

如今互联网管理模式已进入校园，高校应培养大学生的互联网思维方式，接受互联网教育管理服务模式，高校教育管理工作者如何树立收集、整理、分析、利用互联网资源的思想意识非常关键。在“互联网 +”背景下，高校要提高大学生教育管理工作能力和水平，必须对教育管理人员进行互联网技术的培训，提高教育管理工作人员的互联网思维意识和应用技能水平，同时完善高校教育管理工作网络系统及高校学生数据库，进而提升高校教育管理工作的网络化能力。因此，我们要制订培养专业人员的长远计划，培养专业的高校互联网教育管理团队，使互联网技术发展与大学生教育管理工作融为一体，为高校的可持续发展奠定坚实的基础。

（二）加强高校校园网络文化建设

高校首先要注重校园的网络文化建设，改变传统的教育管理理念。在“互联网 +”背景下，高校学生与社会接触的机会越来越多，社会化程度也越来越高，注重校园网络文化建设，学校办学理念和教育管理工作方法通过校园网络进行传播引导，有利于提高校园文化对学生的影响力，对学生的学习生活起到积极的推动作用。高校网络文化建设要注重潜移默化的引导作用，应当渗透到每个学生心中，真正达到教育的目的，注重学生全面和个性化发展。

（三）创新高校网络教育云平台

高校在正常教学授课的同时，也要建立网络教育云平台，建设网络教学的主阵地，对学生进行正确引导。网络教育云平台的建设更适合当代大学生，在进行网络教学的同时，还要将政治思想教育融合进来，使网络教育云平台成为对学生进行政治思想教育的方式之一。让更多的正能量和主流思想占据网络空间的主导地位，对学生进行积极正确的思想引导，同时提倡、鼓励高校教师改变传统的教育教学模式，把更多的授课视频上传到网上，运用互联网技术进行视频授课，这样不仅可以增强教学的感染力，提高学生在教学授课时

的参与度，而且有利于使教学内容以网络化的形式进行传播，打破传统教育模式的局限性，比如慕课、微课。大规模开放在线课程教学方式对高校教育具有深远的影响，这样有利于改善高校教学资源不均衡的现象，提高教学的整体效果。

（四）以“互联网 +”为依托培育大学生的核心价值观

党的十八大以来，习近平总书记全面透彻地诠释了青年的历史地位，强调“青年兴则国家兴，青年强则国家强。青年一代有理想、有本领、有担当，国家就有前途，民族就有希望。”大学生应树立正确的思想观念，坚定走社会主义道路的信念，才能承担起中华民族的伟大复兴的历史重任。“互联网 +”时代改变了传统的教育生态，催生了新的教育环境，大学生能够接收到更加多元化的信息。针对当前“互联网 +”背景下的大学生多元化价值取向，高校更应该把社会主义核心价值观的培育作为工作的重中之重，创造出“互联网 + 大学生思想政治教育”的新生态，促进高校思想政治教育工作改革创新。高校思想政治教育工作者应顺应时代发展，转变教学观念，统筹考虑，整合队伍，树立“三全育人”教育理念。利用“互联网 +”的优势与思想政治教育进行融合创新，借助网络新媒体对大学生进行核心价值观教育，扩展知识分享范围，让大学生认真学习其中的意义和内涵，引导他们树立正确的价值观，以此培养出更多的优秀人才。

（五）构建线上线下相结合的大学生教育管理模式

“互联网 +”时代，大学生教育管理工作者借助大数据手段对大学生进行充分的了解后制订教育计划，把教育管理工作的实效性发挥到最大。教育管理工作者需要通过线上教育宣传和线下宣讲相结合的方式，对大学生进行思想引导和心理疏导，培养学生的集体意识和奉献精神，同时引导学生进行职业生涯规划，让大学生通过线上的学习对自己有一个整体认知，线下与学生加强沟通，提供合理化建议，注重对学生的人文关怀，从以教学为本转化为以人为本，做到尊重关心学生、服务学生。开通高校法律安全宣传互联网端口，进行法治思想的传播也是大学生教育工作的一项重要内容。近几年，大学生被网络诈骗以及大学生网络犯罪的案件时有发生，主要原因是大学生法律意识淡薄、法治意识不强。所以，要加强对大学生的法治教育，以提高大学生的法律意识。

习近平总书记在全国高校思想政治工作会议上指出，“要运用新媒体新技术使工作活起来，推动思想政治工作传统优势同信息技术高度融合，增强时代感和吸引力。”随着“互联网 +”观念的不断深入，高校对大学生教育管理工作制度和模式进行改革势在必行，由于互联网的普及和高校学生对互联网的高频率使用，只有将互联网与高校的大学生教育管理工作创新相结合，才能不断提高大学生教育管理工作的效能。

第六节　柔性管理理念下的大学生教育管理

柔性管理是一种以人为中心的人性化管理。本节在反省当前学生思想政治工作中刚性管理弊端的基础上，提出了内在重于外在、个体重于群体、肯定重于否定等一系列柔性管理方法，旨在促进学生主动性、创新性和情感的发展，追求一种更完美的管理境界。

随着社会发展和科学技术的进步，以人为本的学生管理将成为一种必然趋势，它是深化教育改革和培养人才的需要。现代高校学生管理必须高度重视学生的主体地位，要在管理工作中处处体现和渗透“以人为本”的观念，强调情感管理和学生自我管理，这样才能真正实现以人为本的高校学生管理。

一、柔性管理的内涵和特点

管理学中的“柔性”一词，是以儒家文化为核心，强调以人为本、以德为先。所谓柔性管理，是相对于刚性管理而言的，指的是以对人的管理为核心，以“人性化”为标志，是“在研究人们心理和行为规律的基础上采用非强制方式，在人们心目中产生一种潜在的说服力，从而把组织意志变为人们自觉的行动”。它主张关心体贴、启发引导、循循善诱、耐心帮助，体现了以人为本的思想，带有浓郁的人文色彩。与刚性管理相比，柔性管理具有人本性、高效性、感应性、适应性和渗透性等优势。

在学生管理工作中应用柔性管理时要充分注意学生的差别，承认学生在智力、社会背景、情感和生理等方面存在的差异性，了解其兴趣、爱好和特长，并根据社会要求和其能力水平进行教育，使之得到发展，而反对强求划一式的教育。情感是影响人们行为最直接的因素之一，在现代管理中，情感管理是以人为本管理的重要内容，它通过情感的双向交流和沟通实现有效的管理。在大学教学管理中实行情感管理，就是要用管理者的真情去换取教师、学生的真情，树立强烈的集体意识，营造出一种互相信任、互相关心、互相体谅、互相支持的氛围，这样才能提高管理工作的有效性。

一般来说，柔性管理主要有教育、协调、激励和互补等职能，这是由柔性管理的特殊性所决定的。由于这些优势体现了人性化的特点，因此，对学校的师生而言恰似一种能深入人心、触及情感的“柔化剂”，在我们倡导以人为本、进行人文关怀、构建和谐校园的今天，柔性管理无疑是一种现代的文明智慧，是关注人的个性的高级管理。

高校是培养和输送人才的重要阵地，始终担负着为社会培养高素质的建设者和接班人的神圣使命。因此，高校历来十分重视学生管理工作，投入了大量的人力、物力和财力，并不断壮大学生管理工作队伍和建立健全学生管理机制和管理制度。虽然建立健全各种规章制度是强化学生管理的一个重要保证，是确保高校学生管理工作有序进行的前提条件。

但现行的学生管理基本以刚性管理为主，管理者更多是运用规章制度去约束人，在教育管理中强调遵章守制，做沟通、理解的工作少；学生违规违纪后采取处罚手段的多，实施耐心教育的少；问题发生后才去重视的多，防患于未然的工作做得少；平时交流指导得少，批评、发号施令的时候多等。

高校学生管理工作与学校的其他工作目标是一致的，都是为社会培养人才。高校学生管理工作者制定统一的管理准则，然后用这个准则作为一把“标尺”来衡量学生、评价学生，而不去考虑学生的个性。刚性管理把学校当成一种“理性”组织，习惯用行政手段推动工作，过多地强调学校组织的权威性、等级性以及各种行为的规范性，忽视对学生情感、价值目标和行为标准等柔性因素的培育；刚性管理过多地强调一种自上而下的管理，忽视自下而上的管理和横向的沟通与协调，把学生当成了只靠组织制度、经济奖惩就能调动的“机械人”“经济人”，忽视社会性、文化性、情感性等因素对学生自我教育、自我管理、自我表现、自我服务、自我激励的作用。

因此，在管理与被管理过程中，应该大胆放手让学生在管理过程中扮演重要角色，在一定框架内允许被管理者充分发挥自己的个性特长。一些知名的高校管理在这方面已经取得了较好的收获。

二、管理手段的简单化是约束高校学生管理工作的一个瓶颈

高校学生管理者直接面对的是学生，站在学生管理工作第一线，所面对的学生群体较为庞大，日常事务繁杂，尤其是随着高校的扩招这种突显的矛盾愈加突出，工作应接不暇，很难去做周密细致的教育管理工作。再者有些学生管理工作者在制定规章制度时主观武断，从未把人性化作为基本出发点来考虑，为图方便、简单、省事，不想做过细的教育管理工作，采取容易操作的简单的行政命令手段，通过“管、控、压”的方式方法对待学生，至于学生想什么、怎么想、学生愿意不愿意、高兴不高兴、管理工作是否到位、管理效果是否明显，往往没有太多的兴趣去考虑。

三、柔性管理在大学生教育管理中的运用

（一）坚持内在重于外在的原则，充分激发学生积极性和主动性

对大学生的管理方法一般分为外在管理和内在管理两种。外在管理主要通过校纪校规等刚性制度对大学生的行为进行管理，这种管理带有明显的强制性和不可抗拒性。它对稳定校园环境、维护校园秩序无疑是必要的、有效的。而内在管理主要是采用潜在的、润物无声的方式，在学生中形成深刻、持久的影响，启发他们自觉的行动，使其明辨是非。这种柔性管理方式具有明显的感情色彩，能发挥情感的凝聚功能，关心爱护、尊重学生，使他们从被动的接受者转变为主动的选择者，不断扩大学生参与管理的渠道，发挥他们在教育管理中的主体作用，最大限度地调动他们的积极性和主动性。

（二）坚持个体重于群体的原则，充分尊重学生的个性发展

群体是指由若干个体组成的集合，个体则是这个集合中单个的人。柔性管理用于群体和个体的过程中，其方法和过程是不一样的。用于群体往往是一般号召，造成舆论，产生轰动效应，而用于个体往往是潜移默化的，要求点点入心，深刻具体。具体的教育管理面对的是群体，但出问题特别是出重大问题的往往是个体，而这种个体会对群体造成不可忽视的消极影响。因此，教育管理工作必须承认个体的复杂性和特殊性——他们有不同的志向、爱好和需要，有不同的性格、追求和态度，有不同的知识、技能和潜能，管理者若不从这些方面入手去理清个体的复杂性、特殊性，就很可能会误用有关规章制度的一般原则，误用批评和表扬这些本来行之有效的方法，甚至于因不能及时发现和处理的潜在矛盾而导致本不该发生的事发生。所以，尽管一切外在的管理措施的制定都是针对所有的人，但在贯彻落实的时候又恰恰不能用同样的力度去影响所有的人，否则，矛盾的主要方面就会转化为个体，虽然这一部分个体为数不多，他们却往往会成为组织实施目标的障碍，只有解决了他们的问题，一个和谐、融洽、同心协力的集体才会出现。

（三）坚持肯定重于否定的原则，充分运用精神激励的方法

在教育管理过程中常常会遇到评价人的问题，这是一件非常困难的工作。大学生处于特殊的年龄段，其心理与生理的特征，决定了他们的心与言、言与行经常表现出不一致性。但大学生都希望学业有成、人际关系和谐、自己的所作所为得到赞赏或至少认可，进而得到社会的接纳。因此，在评价一个大学生的时候，如能充分肯定其成绩，不仅会给他明确的是非观念，还会为他继续提高成绩增加信心。在此基础上再指出其不足，不仅合情合理，而且易于引起本人的思考和接受。因此，在日常的教育管理中，管理者应及时对一些进步学生做出肯定的评价，使学生每一次进步成为有形的事实，使他们在成功的快感中不断提高自信心和积极性，看到前进的希望和方向。

（四）坚持身教重于言教的原则，充分发挥管理者的榜样示范作用

在大学生教育管理工作中，管理者一般运用言教来正面灌输政治理论和思想道德观念，从而达到规范大学生思想行为的目的。毋庸置疑，作为宣传主张、灌输观念的言教在大学生的初始教育过程中是必须和有效的。但在完成了教育的初始阶段后，要让学生把各种观念付诸行动，做到知行统一，管理者的榜样示范作用更为重要。因为大学生普遍具有一定的理性思考和透过现象看本质的能力，最反感只会说不会做或说一套做一套的教师或管理者，对他们而言，效果最好的莫过于管理者在举手投足间的表率作用。为使身教发挥更好的效应，首先，管理者必须加强自身形象建设，不断提高自身的影响力，努力培养过硬的思想政治素质、高尚的职业道德素质，积极构建更合理的知识、职能结构，树立起令大学生信服的形象。其次，必须时时提醒自己，尽可能避免影响形象的事情发生。

（五）坚持柔性管理与刚性管理相互影响、相互渗透的原则

柔性管理与刚性管理似乎是两个极端，但在教育实践中，两者是辩证的统一体、是相辅相成的。因为刚性管理强调的是外在的规范，是强制性的，它使学生管理工作过程有章可循，在评价时也有统一的标准，目标明确，可操作性强，但容易陷入机械化和简单化。柔性管理则弥补了它的不足，它是刚性管理的完善、补充，是在具备刚性管理框架的基础上，管理思想和管理方法的升华，它可以最大限度地发挥人的主观能动性和创造性。这两种管理模式虽然在外部特征上有所区别，但它们在实现思想政治教育目标的本质上是一致的。刚性管理是管理工作的前提和基础，完全没有规章制度约束的管理必然是混乱的，其柔性管理也必然丧失立足点；而缺乏一定的柔性管理，刚性管理亦难以深入持久。随着社会发展和科学技术的进步，现代高校学生管理必须高度重视学生的主体地位，在管理工作中应处处体现和渗透柔性管理，强调情感管理和学生自我管理，才能真正实现以人为本的高校学生管理。

第三章　大学生教育管理模式研究

第一节　城市型大学生教育管理模式

学生教育管理一直以来都是高校的重点工作之一。随着我国高等教育的发展和变化，高等学校的办学规模不断扩大，办学层次不断丰富，办学定位和人才培养目标也各有不同，对传统的学生教育管理提出了改革的需求。高等教育不同于职业教育，但是作为高等教育的主体——学生，他们接受高等教育的终极目标大部分是就业，即经过大学学习后能找到自己满意的工作。事实证明大学生职业素养缺乏是造成其就业难的突出原因之一。怎样增强大学生职业素养培养，提升大学生就业竞争力，已成为当前高校学生教育管理模式改革的重要研究课题。

一、问题的提出

作为就业过程的两个主体学生和企业，对于大学生就业有着不同的感受和体会，但归纳起来都是一个字“难”。从学生个体的角度来看，首先“就业难”体现在找工作时，受到企业的百般挑剔，难于找到工作；其次，体现在找到的工作不是自己满意的，薪资、待遇、发展前景都不是自己期望的。从社会角度去考察，大量企业感到“招人难”，难以招到合适人才。这样的两难现象充分说明，目前高校人才培养方面出现了问题，高校培养的人才不被社会接纳，高校培养的人才的职业素养和企业需求存在脱节。

城市型大学是适应我国市场需求和满足高等教育大众化需求的产物。其人才培养的目标是培养服务区域经济的高素质应用型人才。从城市型大学的办学定位和人才培养目标的科学内涵来看，城市型大学培养出来的毕业生应该具有“顶天立地”的素质，所谓顶天是指其素质高，体现在所培养出的毕业生的知识结构、理论架构具有本科层次的教育水平，有别于职高、技工层次；所谓立地是指其实践应用能力强，能够立足学校所在区域，适应区域经济对人才职业素养的要求。

职业素养是一个多层次立体式的概念，当前，对于职业素养的概念因学术界和职业界人士的着眼点不同，而表现出不同的内涵。中国知网（CNKI）将职业素养定义为：职业素养是指职业内在的规范和要求，是在职业过程中表现出来的综合品质，包含职业道德、职业技能、职业行为、职业作风和职业意识等方面。学术界人士普遍认为：职业素养指专业知识、专业技能和专业能力等与职业直接相关的基础能力和综合素养，一般包括职业道德、职业意识、职业行为习惯和职业技能。职业界人士普遍认为所谓职业素养，就是劳动者对社会职业了解与适应能力的一种综合体现，是指劳动者不断学习和积累，在职业生涯中表现并发挥作用的相关品质，通常包括合作素养、创新素养、道德素养、专业素养等几方面的内容。

作为以培养高素养应用型人才为目标，以服务地方经济社会发展为己任的城市型综合大学，应根据学生就业渠道的特点，有侧重、有针对性的理解和分析职业素养的内涵。在综合各业界人士观点的基础上，笔者认为，大学生职业素养是指大学生在一定的生理和心理条件的基础上，通过受教育、劳动实践和自我修养等途径而形成和发展起来的，对社会职业了解与适应能力的一种综合体现，是大学生实现和发展职业活动所必需的基本意识、知识和能力的集合。

二、实证分析

（一）研究方法

本节采用的调查方法是问卷调查法，结合个案访谈法和文献法。问卷主要从以下四个维度来讨论和研究职业素养问题。一是目前大学生职业素养状况；二是职业素养在职业道德、职业知识和职业能力三方面的主要构成因素；三是企业在选择学生时最看重哪些职业素养；四是培养职业素养的有效途径。问卷的发放对象是某城市型大学的学生和企业，其中学生有效问卷 156 份，企业有效问卷 105 份。问卷录入结束后，采用 SPSS13.0 对数据进行分析。

（二）数据分析

对于目前大学生的职业素养情况，企业和学生的认识存在较大差异。接近 60% 的企业认为大学生最缺乏的职业素养是实干能力，其次是人际交往能力（所占比例为 21%）。这和学生的自我认知有很大的差异，学生认为自己最缺乏的是创新意识（31%）、人际交往能力（21% 和管理能力（20%）。

学生和企业在对于职业人应具备哪些重要素养方面，有着较高的相似度。他们都认为职业人最应具有的职业素养在道德层面按选择比例依次是责任心、原则性和积极的心态，在知识层面上是专业知识、管理知识、法律知识。在职业能力上企业和学生的认识基本一致，都认为分析判断能力、沟通表达能力是最重要的两项职业能力。

对于在招聘时企业最看重的因素，学生和企业的观点不一致。高达 83% 的企业认为在招聘时最看重的式学生的责任心，65% 的选择工作执行力，63% 的选择吃苦精神；76.43% 的学生认为企业最看重责任心，其次分别是和工作相关的社会实践和工作经历（所占比例为 75%）和执行力（所占比例为 70%）。可见学生较为看重专业成绩、工作经历等职业素养的显性因素，而企业更看重的是吃苦精神、责任心、稳定性和执行力等职业素养的隐性因素。

对于大学生提升职业素养的途径这一问题，高达 92% 的企业和 82% 的学生认为获取职业素养的途径是有针对性的参与社会实践。

（三）结论

通过上述研究可以发现，当前大学生最缺乏实干能力和人际交往能力，需要着力培养学生的责任心、工作执行力和吃苦耐劳的精神。同时亟待加强通识教育和人文教育，促进学生知识、能力和素养的协调发展，让学生拥有扎实的专业知识、良好的沟通能力和管理能力、过硬的实践能力。有针对性的社会实践是提升大学生职业素养的有效途径。

三、“3E”职业素养培育管理模式的构建

城市型综合大学的根本任务是培养服务于区域经济建设和地方发展的具有创新精神和实践能力的高级专门人才。这类院校在人才培养的过程中不仅要强调对人才的专业知识、技能的教育，更要培养其职业素养。让其在职业素养的培养和积累过程中，认识到将来所从事职业的社会价值、社会责任和社会使命，树立科学的择业观和求职观，培养良好的职业道德。学校在学生职业素养培养方面更应该从雇主（企业）的角度出发，培养企业需要的人才。大学生职业素养需要着力培养其责任心、原则性和积极的心态；知识上需要大力培养专业知识、管理知识和法律知识；在能力方面需要提升分析判断能力、沟通表达能力和人际交往能力。在培养方式方法上应开展有针对性的社会实践活动和相应的课程教育。城市型大学在学生教育管理模式上，应以培育学生职业素养为导向和终极目标，在管理过程中应注重“every one，every process and every project”的全员、全程和全项目化的“3E”教育管理模式。

（一）全员参与的职业素养培育机制

全员参与的职业素养培育管理模式从宏观上说，就是通过学校、学生、企业三方面的共同参与培育学生职业素养。从学校层面上说，就是包括学校的专业教师、行政管理人员、辅导员班主任在内的所有在校教师的共同参与。

职业素养的冰上理论认为，冰山浮于水面之上的部分只有 1/8，主要代表了大学生的形象、资质及职业技能等显性职业素养，可通过多种学历证书或职业证书来证明。而冰山隐藏于水面以下占整体 7/8 的部分所代表的是大学生的职业意识与职业道德等隐性职业素养，是难以直观地发现和察觉的。大部分职业素养是大家难以看见的，7/8 的隐性职业素养能够决定外在显性职业素养。所以，大学生职业素养培养应当将目光放在整座冰山上，并从培养显性职业素养为出发点，着力培养隐性职业素养。这一培养过程并不是学校、学生或企业的任何一方所能单独完成的，而是需要三方共同协作；同样，不是学校的某一部门、某些老师能独立完成的，而是全校教职员工共同教育和培育的结果。

具体而言，就是通过教学、学工两条主线，共同培养学生的职业素养。其中通过以教学、实验为主的课堂教学主线，培育学生专业知识、技能等显性职业素养；而学工的思想政治工作、学生职业发展与就业创业指导、社会实践等工作，培育学生吃苦耐劳、明确职业目标、团结合作等隐性职业素养。

（二）全程化的职业素养培育计划

根据上述实证研究，我们知道，企业需要的大学生的职业素养集中在学生的责任心、稳定性、吃苦能力、合作精神和执行力等冰山下的那部分隐性的职业素养，因此高校学生职业素养的培养应该集中在挖掘和培养其隐性的职业素养上。在学生素养培养上通过从新生入学教育开始的职业认知教育、大一下期的职业意识唤醒、大二的创新创业意识培育、大三的职业技能培训、大四的就业实习，让职业素养教育贯穿在校的全过程，让学生一进校就有明确的目标，为 4 年后就业储备能力和素养，而这一切的储备都是在老师的引领下，通过学生自主去完成。

（三）全项目化的职业素养实践管理模式

大学生职业素养培养不能脱离实践，实践是大学生思想政治教育的重要环节，是大学生了解社会、增长才干、锻炼毅力、培养品格、增强社会责任感的重要渠道。大学生职业素养实践平台的建设更应是城市型大学发展学校办学特色的有效途径。按照“项目化、长效化、社会化”的发展思路，以项目为核心，大力打造大学生职业素养培养实践平台。通过合理分类，在校期间所有实践活动可分为“志愿服务类”“创新创业类”和“岗位体验类”等类型。其中“志愿服务类”项目可包含由学校组织的文化科技卫生“三下乡”、科教文体法律卫生“四进社区”、政策宣讲、帮残助困、支农支教、社会调查、法律援助、技能培训、红色之旅等。“创新创业类”项目可包括专题调研、参与教师主持的社科及软件科学课题研究、竞赛活动、创新实验计划等。“岗位体验类”项目可包括参与学校民主管理、挂职锻炼、岗位体验、企业见习实习、创业实践（创新平台、实训基地、孵化基地）等。

项目化的职业素养实践平台具有管理细节化、立项批次化和评估环节指标化的显著特点。管理精细化。从申报、立项、开展到评估都严格按照既定方案进行统一管理和指导，实践活动中可能会出现的每一个问题和细节都在方案中明确标明。立项资金资金批次化。将立项的社会实践活动根据申报情况分为精品项目、重点项目、一般项目，并给予不同档次的项目以不同额度的资金支持，资金采取分批次支付的原则。评估环节指标化。评估环节不仅仅要求立项课题组提交实践报告，同时要提交各种实践成果，而且评估标准中对每一项成果都给定了相应的得分，保证了实践成果的完整性。

实施项目化管理后社会职业素养培养实践的效果显著提高。从学校角度来看，通过项目申报、立项、分级和评估等项目化管理机制，让学校对各个项目乃至项目的各个环节都能很好地监督；从学院角度来看，在大学生社会实践上存在着和教学结合不紧、科技含量不高、时间持续较短、只重视轰动效应、缺乏实际效果、计划性不强、资金匮乏等一系列问题都得到了较好的解决和落实；从学生角度来看，项目化管理的实践活动，让学生真正接触到了社会，解决了心中的疑惑，认清了自己在社会中的位置，从而更加珍惜自己的学习机会。同时通过项目的选项、申报、立项、实践、结题和评估等环节，本身就是对学生综合素养的锻炼和提升，在这样的过程中很好地锻炼了学生的沟通协作能力、谈判领导能力和执行力等企业看重的职业素养。

城市型大学的办学定位应体现出“立足地方、面向地方、服务地方”的突出特征，其办学定位的重要特征是以实践教学为中心，培养服务于生产一线的中、高端应用型人才。以职业素养培育为导向，大力开展职业素养培育工作，通过全员、全程和全项目化的“3E”机制，优化学生教育管理模式，是提高这类高校学生就业竞争力和办学实力的有效途径。

第二节　少数民族大学生教育管理模式

培养优秀的少数民族大学生，对于促进民族融合、实现民族地区经济跨越式发展具有重要意义。本节通过研究少数民族大学生的特点和成长成才规律、少数民族大学生教育管理工作现状和特点，提出了构建少数民族大学生“注重思想引领、加强学业提升、加大生活帮扶、促进文化融合、给予心理关怀、精准就业指导”于一体的教育管理育人模式，推动少数民族大学生教育管理工作不断向前发展。

习近平总书记指出：“各民族要相互了解、相互尊重、相互包容、相互欣赏、相互学习、相互帮助，像石榴籽那样紧紧抱在一起。”习近平总书记的讲话为地方高校做好少数民族大学生的教育和管理工作提供了根本遵循和重要指导。随着社会的进步和发展，地方高校招收的少数民族大学生数量日益增加，做好少数民族大学生的教育服务管理工作已经成为地方高校思想政治教育工作的一个极其重要的组成部分。如何准确地把握少数民族大学生的思想和行为特点，探索构建地方高校少数民族大学生的教育管理实践模式，已经成为地方高校教育管理工作的重要课题。研究高校少数民族大学生的特点，遵循教育教学规律，加强对地方高校少数民族大学生的教育和管理，对于促进少数民族大学生健康成长成才，培养综合素质全面、专业能力突出的少数民族优秀人才，实现民族地区经济繁荣发展、社会团结稳定具有极其重要的意义。

一、地方高校少数民族大学生的思想及行为特点

在地方高校中，少数民族大学生由于其成长经历、学习水平、生活方式、文化观念、知识结构、宗教信仰等方面与汉族学生存在较大差异，因而容易成为一类相对特殊的学生群体。少数民族大学生在思想、学习、生活、文化、心理、就业等方面均具有一定的特殊性，主要表现在以下几个方面。

（一）思想上总体要求进步

少数民族大学生总体在思想上积极要求进步，在学习上认真勤奋，在生活中诚实守信，能够自觉遵守国家相关法律法规、遵守普通高等学校学生管理规定和高校大学生日常行为规范等。但是极个别少数民族大学生由于认知水平有限，对消极腐朽的思想文化缺乏鉴别力，因而容易形成偏激行为。个别少数民族大学生在学习和生活中缺乏必要的自律意识，存在情绪自控能力较弱和创新创业能力相对较差等问题。

（二）学习上基础相对较差

地方高校的少数民族大学生大多是少数民族地区的先进青年和优秀人才，普遍具有强烈的上进心和求知欲。但是，由于我国少数民族地区的教育水平相对落后，师资力量较为薄弱，软硬件条件较差，直接导致少数民族大学生的汉语水平相对较差、学习基础相对薄弱、学习能力相对欠缺、知识面相对狭窄、思维模式比较单一等突出问题。因此，当少数民族大学生进入地方高校接受更为专业的课程教育时，往往出现不适应老师的授课方式、无法完全理解课堂上海量的学习内容等问题。加之在地方高校中，往往缺乏针对少数民族大学生的特殊教育教学方案，学生与任课老师缺乏必要的沟通和交流，又存在考试分数“被照顾”的情绪等问题，导致少数民族大学生极易产生学习上自我评价较低、自主学习性较差、学习压力较大等问题，进而影响学习成绩和学业进步。

（三）生活上经济水平偏低

由于少数民族地区大多地处偏远山区、地理环境相对复杂、经济发展水平较低，因此，少数民族大学生的家庭情况大多比较贫困。高校少数民族大学生中贫困生所占比例很高，很多少数民族大学生需要依靠国家助学贷款、地方政府补贴以及高校的减免学费、奖学金、助学金等优惠政策，才能顺利完成学业。

（四）文化上民族特色明显

少数民族地区大多是多民族聚居地，是文化交流荟萃的地方，具有独特的风土人情和地域文化。少数民族大学生由于受到本民族的文化熏陶和影响，多具有较为强烈的民族认同感和浓厚的文化意识，具有较好的文艺天赋，在校园文化活动中表现出色。但是，由于少数民族的风俗习惯、生活方式、饮食习惯和宗教信仰等方面的因素，少数民族大学生在地方高校中存在突出的文化冲击、文化适应和文化融合等问题。

（五）心理上存在一定压力

少数民族大学生由于汉语水平相对较差、学习基础相对薄弱、家庭经济困难等原因而缺乏自信，加之生活和文化差异更容易让他们产生心理压力。其心理压力主要表现在语言交流障碍影响对专业知识的学习与理解，部分学生极易出现考试焦虑、厌学的现象，进而产生自卑心理；文化背景差异容易导致人际交往障碍，不利于良好人际关系的形成；家庭经济困难使其容易产生自卑感，加上远离父母和家乡而产生的孤独感、失意感等，严重影响心理健康。

（六）就业上范围相对较窄

少数民族大学生由于受生活习惯、文化差异、宗教信仰等因素影响，多数学生毕业后会选择返回家乡和民族地区就业，就业区域相对较窄。另外，由于地方高校对少数民族大学生缺乏具有针对性的就业指导，不能提供系统详尽的就业帮扶政策，导致少数民族大学生在就业时可供选择的范围有限，可供参考的资料较少。此外，由于少数民族大学生在基础知识、基本技能、专业技能等方面与汉族学生相比存在一定差距，这导致其就业能力相对较差，从而在激烈的市场竞争中失去更多的就业机会。

二、地方高校少数民族大学生教育管理工作的现状与特点

（一）地方高校少数民族大学生教育管理工作的现状

地方高校少数民族大学生的教育管理是一项重要而复杂的工作。虽然少数民族学生人数占在校生的比例较小，但各高校对少数民族大学生的教育教学和管理工作均给予高度重视。各高校在课程设置、师资配备、生活设施供给等方面都给予其较多的支持。

地方高校要高度重视少数民族大学生的心理健康状况，进行心理健康教育，积极探索建立危机预防和干预机制。对于存在心理问题的少数民族大学生，应及时提供有效的心理咨询服务。要通过开展新生心理普查、个体心理咨询、心理班委培训等工作和心理健康主题教育系列活动，以及成立专门的少数民族大学生心理咨询室，不断建立健全少数民族大学生心理健康服务及心理问题预警机制。辅导员可以通过微信、微博、QQ 等新媒体手段随时关注少数民族大学生的日常动态，了解他们的日常活动和心理变化。辅导员可以根据具体情况，采取“一对一”谈话或“多对一”团体辅导的方式来帮助少数民族大学生解决心理问题。

（二）地方高校少数民族大学生教育管理工作中存在的问题

有的地方高校为少数民族学生配备了专职辅导员，或通过省教育厅由新疆派驻教师，有的高校配备了双辅导员，从管理队伍上予以保障。在管理制度上，各高校普遍采用与普通汉族学生相同的学生管理规定，部分高校在课程考察等方面有特殊的倾斜政策。高校通过开展专题报告会、座谈会等对少数民族学生进行思想政治教育，通过差异化的资助政策为少数民族学生减轻生活压力，综合运用各种方式方法对少数民族学生进行教育管理。

部分高校对少数民族学生的日常管理缺乏有针对性的精准指导，多是按照和汉族学生相同的管理和要求，缺乏针对性的办法和措施。虽然许多高校安排了专职辅导员从事少数民族大学生的教育和管理工作，但是部分辅导员对少数民族的文化、风俗、语言等缺乏深入的了解，日常思想政治工作难以深入学生内心。在日常管理中部分辅导员担心会影响民族团结，对学生要求不严，容易导致学生自由散漫、缺乏纪律意识。新疆内派教师的工作年限一般为 1—2 年，工作期满后离任回疆，而新选派的教师需要对学生进行重新熟悉，前期工作中好的经验和做法难以传承。

（三）地方高校少数民族大学生教育管理工作的特点

与汉族学生相比，地方高校少数民族大学生由于基础教育水平不高，成长环境、地域文化、生活习惯等与其他学生存在一定差异，进入地方高校后往往会出现一定程度的不适应现象。在学习生活中遇到困难时，容易产生自卑、逃避心理，对自身缺乏严格要求，渴望“被照顾”，融入感不强。因此，少数民族大学生的教育管理具有明显的特点。在思想政治教育方面，应以中华民族认同教育为主线，强化爱国主义教育和理想信念教育；在学习方面，应结合少数民族大学生的实际学习情况，进行分类指导，探索分层教学的新模式；在生活方面，应立足学生实际制定帮扶措施，解决少数民族大学生面临的实际困难；在文化方面，应在尊重民族文化的基础上，注重文化融合；在心理方面，应了解学生所思所想，及时给予关心关怀；在就业方面，应针对少数民族学生的实际需求，量身打造就业方案。

三、构建地方高校少数民族大学生新型教育管理模式

地方高校要做好少数民族大学生的教育管理和服务工作，需要针对少数民族大学生的思想和行为特点，遵循教育规律和大学生的成长成才规律，坚持以学生为中心，通过多种途径构建少数民族大学生的教育管理模式。在教育管理过程中，高校要构建覆盖全校各部门的育人机制，建立少数民族大学生信息库，从思想、学业、生活、文化、心理、就业等方面，构建“注重思想引领、加强学业提升、加大生活帮扶、促进文化融合、给予心理关怀、精准就业指导”的少数民族大学生教育管理育人模式，不断探索少数民族大学生教育管理的新途径。

（一）注重思想引领

做好地方高校少数民族大学生的教育管理工作，必须牢牢坚持习近平新时代中国特色社会主义思想的指导地位，加强思想政治教育，引导少数民族大学生树立正确的爱国意识、政治意识和全局意识，培养政治过硬、敢于担当的少数民族大学生。高校要充分发挥思想政治理论课在马克思主义教育中的主渠道作用，坚持以爱国主义教育为重点，以社会主义核心价值观教育为切入点，加强民族团结教育、公民意识教育和法治教育，强化地方史、民族发展史、宗教演变史教育。要加强理想信念教育，培养少数民族大学生树立与时代同心同向的远大理想和崇高信念，把实现个人理想融入实现中华民族伟大复兴中国梦中。在日常管理中，要密切关注少数民族大学生的思想变化情况，紧密围绕少数民族大学生的成长与发展、理想与信念等开展主题教育、素质拓展训练、专题讲座以及新老学生座谈交流等活动，及时做好正确有效的教育引导。

（二）加强学业提升

地方高校要引导少数民族大学生严格要求自己，明确学习目标，端正学习态度，改进学习方法，树立不畏困难、积极进取、勤奋学习的自信心。在实际教学过程中，地方高校

要积极探索符合少数民族大学生学习情况的分类指导、分层教学新模式，制订与少数民族大学生学习特点相适应的教育教学体系，通过分年级、分阶段的教育教学目标，全方位提高少数民族大学生的学习能力和学习水平。地方高校应结合少数民族大学生的学习特点，制订有针对性的人才培养和教育方案，夯实学生的学习基础，强化实践操作和动手能力。通过建立学习答疑平台，加强专业课教师与少数民族大学生在课余时间的沟通，提升他们自主学习能力。少数民族大学生也可以通过网络教育平台，自主选择学习内容，增加知识储备，扩展知识面。在教学管理中，地方高校可以建立少数民族大学生学业“预警”及帮扶机制，对少数民族大学生中学习成绩差、学分绩点低的情况进行提前预警。通过建立学习成绩优秀学生与少数民族大学生之间“一对一”的帮扶制度，进行朋辈之间的学习辅导。通过设立专门的少数民族大学生学习进步奖学金制度，对学习进步明显的少数民族大学生及时给予物质和精神奖励，激励其更加努力学习，追求进步。

（三）加大生活帮扶

地方高校要了解少数民族大学生的实际生活状况，对于家庭经济确实困难的少数民族大学生，应加大生活帮扶的力度，真正解决少数民族大学生面临的实际困难。地方高校可以通过设立少数民族大学生勤工助学岗位，鼓励少数民族大学生在课余时间通过劳动获得报酬。通过设立少数民族学生创业扶持项目，开展多种形式的创业实践，提升其综合素质。在日常管理过程中，应结合少数民族学生的具体特点，开展具有民族特色的资助服务，在物质帮扶的基础上更加注重精神资助，引导其树立社会主义核心价值观。

（四）促进文化融合

地方高校通过构建文化育人体系，加强对少数民族文化传统和生活习惯的认知，倡导校园文化的多元融合，为少数民族大学生施展才艺提供广阔平台。学校通过开展形式多样的校园文化交流活动，搭建与少数民族大学生广泛沟通的桥梁，使少数民族大学生充分感受到来自班级、学校、社会的真切关怀和祖国大家庭的温暖。通过成立少数民族文化类学生社团和文化协会、举办民族文化展示活动等方式，开展文化互鉴活动，提高少数民族大学生的存在感和自豪感。在文化交流活动中，学校在尊重学生宗教信仰自由的前提下，严格禁止传教等活动，对于违反校规校纪的学生进行严厉处罚。

（五）给予心理关怀

与民族类院校相比，地方高校在少数民族学生管理体系的构建和管理模式的创新等方面还存在一定差距，其教育管理工作遵循传统的方式方法，缺乏系统性和规范性。在少数民族学生思想教育、学业指导、生活帮扶、心理辅导等方面缺乏系统完善的教育管理体系和制度，管理理念不够统一，管理机制不够健全，缺乏相对稳定的管理原则和思路，缺少长效的管理办法。

（六）精准就业指导

少数民族大学生毕业后大多数会选择回到家乡或民族地区就业，地方高校应针对这一特点，积极为少数民族大学生提供精准的就业指导服务，增强少数民族学生的就业能力，拓宽就业渠道，提高就业率。地方高校通过开设少数民族大学生就业技能指导和培训班，帮助少数民族大学生提升就业技能；加强少数民族大学生社交礼仪礼节和人际交往能力的培训，提高基本就业技能；加强对少数民族大学生的职业生涯规划指导和就业指导，使学生树立正确的职业观和择业观，能够客观了解并分析就业市场和就业前景，合理地进行自我定位与自我规划，实现顺利就业。

少数民族大学生的健康成长和全面发展，对于维护国家和谐稳定和民族安定团结，促进少数民族地区繁荣发展和高等教育的改革创新具有重要意义。地方高校作为培养少数民族大学生的重要阵地，应该基于少数民族大学生的特点，构建起“注重思想引领、加强学业提升、加大生活帮扶、促进文化融合、给予心理关怀、精准就业指导”的少数民族大学生教育管理育人模式，更好地引导少数民族大学生热爱祖国、积极向上、奋发学习、努力成才，推动少数民族大学生教育管理工作不断向前发展，为国家培养更多优秀的少数民族创新型人才。

第三节　高校贫困大学生教育管理模式

高校贫困大学生的教育管理工作是高校学生工作的重中之重。本节针对当前高校贫困大学生在思想和心理方面存在的问题，提出了构建以人本管理为核心、提升贫困生管理工作效能相结合的贫困大学生教育管理模式，进一步加强和改进高校贫困大学生的教育管理工作。

随着我国高等教育体制改革和高校收费制度的发展，高校贫困生群体的规模不断壮大，据有关部门统计，目前高校贫困大学生的比例约为 15%~30%，占在校生相当大的比例。为了不让贫困大学生因家庭经济困难而辍学，高校对贫困大学生在学费收缴及其在校生活等方面都实施了一些措施，如学费减免、利用社会力量帮助贫困学生等。贫困大学生作为高校的一个特殊群体，与一般大学生相比，其个性差异比较突出，由于受经济条件的限制，其个性心理和思想素质都有很大的不同，极易自卑、敏感、脆弱、偏执，他们在成才过程中存在着许多思想和心理障碍。贫困大学生暴露出来的问题越来越复杂和严重，绝不是仅仅用简单地经济手段就可以解决的。高校对贫困生除了要在经济上给予扶助以外，还必须加强人性化的教育与管理，提升管理的效能。不仅要让他们顺利完成学业，而且要引导他们走上健康发展的人生之路。因此，本节拟从人本管理的理念和管理效能两方面，结合贫困大学生的身心特点，探求做好贫困大学生教育管理的方法。

一、构建贫困大学生人本管理模式，确立“以贫困生为本”的工作理念

人本理念的基本内涵就是尊重人、关心人、爱护人、充分信任人、平等友爱地对待每一个人，并化消极因素为积极因素，最大限度地发挥和调动人的主观能动性。以贫困大学生为本是做好贫困生教育管理工作的前提与基础，高校贫困生教育管理者要转变工作作风和思维方式，构建贫困大学生人本管理模式，从贫困大学生的需求出发，结合他们的身心特点，挖掘顺应贫困大学生身心发展规律的管理方法，完善贫困大学生管理制度，更好地帮助贫困生适应大学生活，促进其身心健康发展。

（1）多渠道挖掘物质资助资源，助力贫困大学生物质脱贫。目前，在国家的大力支持下，高校以“奖、勤、助、贷、免”等一系列帮扶方式，为贫困大学生物质脱贫提供了有力保障。但为了更好地帮助贫困大学生走出贫困，高校应该加大帮扶力度，多渠道挖掘物质资助资源，如深化校企合作、为贫困生搭建勤工俭学的平台，或寻求社会慈善机构的帮助，设立帮扶基金，多渠道助力贫困大学生物质脱贫，帮助他们解决自身物质需求，确保正常的学习与生活。

（2）建立贫困大学生心理倾诉和心理预警机制，助力贫困大学生精神脱贫。针对贫困大学生的心理特点，建立贫困大学生的心理倾诉和心理预警机制，为存在心理问题的贫困大学生开辟绿色通道。首先，高校要建立专门的心理咨询机构，配备专人从事贫困大学生心理咨询工作。通过专家门诊、热线电话、专题网站等途径开展日常性的心理咨询工作，让贫困大学生有倾诉的机会，同时也有助于了解他们的内心世界，便于开展工作。其次，要对贫困大学生进行定期的心理测试，进行必要的心理普查，建立贫困大学生心理档案，全面掌握贫困大学生的心理状况，把贫困生的心理隐患消除在萌芽状态，助力贫困生精神脱贫。

（3）加强贫困大学生思想政治教育，培养贫困大学生良好的道德意识和社会责任感。当前，在贫困大学生思想当中存在一些不良风气，对贫困资助存在“等、靠、要”的心理，依赖思想严重；有的贫困生甚至伪造贫困信息，争当“特困”；有的贫困生缺乏感恩意识，认为受助理所当然。面对贫困生当中出现的不良思想动态，高校贫困生教育工作者应引起重视，关注贫困生的思想动态，以贫困生乐于接受的方式积极开展思想政治教育，教导贫困大学生树立诚信意识、感恩意识、责任意识，培养贫困大学生良好的道德意识和社会责任感。

（4）积极开展社会技能培训，提升贫困大学生的素质和能力。授人以鱼，不如授之以渔。物质解困、帮扶等方式只能暂时为贫困大学生解决生活困难，无法从根本上解决贫困大学生家庭贫困的局面。对贫困大学生而言，只有通过不断地完善自己，才能更好地适应社会。因此，高校要从贫困大学生的根本需求出发，人性化地为贫困生开展社会技能方面

的培训，如人际交往、社交礼仪方面的训练，全面提升贫困大学生的素质和能力，帮助他们找到自信，由受助慢慢转变为自助。

（5）引导贫困大学生帮助他人，回馈社会，实现个人价值。人本管理理念强调尊重人，贫困大学生也渴望获得尊重与心灵的满足，实现个人价值。尊重贫困大学生，更深层次就是要让他们体现自己的价值，引导他们帮助他人，回馈社会，在这当中，升华自我满足感，进而肯定自己、欣赏自己。高校要积极开展感恩回馈社会贫困大学生志愿者活动，组织贫困大学生参与社会公益、义工等活动，鼓励他们饮水思源，在助人的过程中收获快乐，体现人生的价值。

二、进一步规范贫困大学生的管理制度，提升管理效能

（1）加强贫困生管理专业队伍的建设。贫困大学生这一“弱势群体”暴露出的问题已成为一个具有普遍意义的社会问题，对高校的稳定和社会的和谐发展都有深远的影响。如何对贫困大学生进行科学的、人性化的、系统的、动态的管理，如何做好贫困生的教育管理工作，这就需要一支高素质的、专业化的管理队伍。高校要加强对贫困生管理专业队伍的建设，对贫困生特殊的思想状况和心理问题，要组织管理人员认真研究、积极探索适合贫困生身心发展的教育管理方法，创新贫困大学生管理理念。

（2）完善贫困生资助认定、评定、帮扶等相关制度。良好的制度，有利于管理的执行。针对贫困生的管理工作，要结合实际情况，进一步完善贫困生资助的认定、评定制度，要让真正贫困的学生获得资助，有效杜绝在贫困生评定过程中弄虚作假、冒领等情况的发生。同时，还应完善贫困生的帮扶、激励工作，不仅要“输血”，更要给贫困生“造血”，给贫困生提供实践的平台，培养他们感恩的意识，不能让贫困生养成“等、靠、要”的依赖心理，努力帮助贫困生实现资助到自助再到助人的转变。

（3）健全贫困生动态信息管理。信息化的管理是高校管理工作的一大重点。对贫困生的管理，要做好动态信息管理和录入，及时、全面地掌握贫困生受助情况，更新贫困生的贫困状况。动态的信息管理有利于对贫困生的情况进行全面、准确、综合的了解，对有效开展新时期的助困工作起到积极有效的推动作用。

高校贫困大学生的教育管理工作是高校学生工作的重中之重。构建以人本管理为核心、提升贫困生管理工作效能相结合的贫困大学生教育管理模式，是十分重要且必要的。在贫困生教育管理工作日渐复杂的今天，贫困生教育管理工作者要想贫困生之所想，急贫困生之所急，以人为本，加强教育和管理，才能帮助贫困大学生成长成才，维护高校安全稳定，促进社会和谐发展。

第四节　大学生党员继续教育管理模式

大学生党员正逐渐成为我党新生力量的主要来源之一。如何加强对大学生党员的继续教育，培养一批政治觉悟高、理论素养好、业务素质强、战斗力强、能充分发挥模范带头作用的大学生党员，是高校学生党建工作的重要任务。中共中央提出，要以提高素质、增强党性、发挥作用为目标，建立健全新形势下大学生党员长期受教育、永葆先进性的长效工作机制。深入探讨加强大学生党员的继续教育模式、方法，教育大学生党员永葆共产党员的先进性、纯洁性，对全面提升大学生党员素质，发挥党员自我教育、自我服务，发挥先锋模范作用具有重大意义。

一、大学生党员继续教育学习的必要性

习近平总书记指出："世界的未来属于青年一代。全球青年有理想、有担当，人类就有希望，推动人类和平与发展的崇高事业就有源源不绝的强大力量。"大学生党员作为中华民族未来发展的重要力量，他们成长的好坏关系着中国的发展前途和中国共产党的战斗力、凝聚力。大学生党员继续教育管理模式有着其自身的必要性，也是高校党建工作的一个重要环节。

做好对大学生党员的继续教育工作，是培养社会主义事业接班人的需要。作为高校党组织，必须重视对大学生党员的再教育，这里的再教育不仅是入党前还有入党后的。重视党员教育，培养党员树立正确的人生观、价值观、世界观，坚定他们的共产主义信念，为社会主义事业奋斗终生。

做好大学生党员的继续教育，提高综合素质和能力，是时代发展的需要。随着社会的不断发展，社会经济成分、组织形式、就业方式、利益分配等出现多样化，人们的思想活动趋于独立性、选择性、多变性、差异性。在这种情况下，弘扬什么、坚持什么的问题就必须旗帜鲜明。因此，在新形势下，我们要认识到对大学生党员培养的紧迫感，提高他们的素质，适应时代发展。

社会实践锻炼是对大学生进行再教育的重要方式，是全面提升大学生综合素质、增强大学生辨别能力的有效举措，对大学生树立坚定的马克思主义信仰、树立共产主义远大理想具有不可替代的作用。共产党员要在改造客观世界的同时改造、提高认知能力，改造思想意识，不断提高党性。大学生党员要在一定马克思主义理论基础上进行党性锻炼，在形式多样的实践中不断检验真理。

二、影响大学生党员继续教育管理的主观和客观因素

大学生党员作为大学生中的优秀分子被吸纳到党组织中，入党前经过了党组织的培养考察，通过了三级党校的理论学习，其整体素质是好的。但仍然存在一些消极现象，有些大学生入党后，思想上有所懈怠，松了一口气；实际行动中放松了对自己的要求，缺少前进的动力；组织观念不强；学习、生活、工作各方面出现了懈怠的情况。主要表现在：

主观上，个别大学生党员的入党动机不够纯正，带有明显的功利性，如有的大学生入党是为了将来就业能进事业单位，有的为了考公务员必须具备党员的条件，这些学生党员在入党后就放松了自己。还有一些学生党员的理想信念不够坚定，价值观不正确，盲目出现拜金主义、个人主义、享乐主义思想，以满足自我需求为中心，不能很好地为人民服务、为共产主义事业奋斗。另有一些学生党员意识不强，纪律松散，不能很好地体现党员的先进性，入党前积极干，入党后拣着干，把自己定位在一名普通群众的角色上。

客观上，各级党组织在党员继续教育方面也出现一些不良现象：一是对大学生党员的教育不够重视，“重发展、轻教育”是当前工作中的突出问题，注重党员发展工作，重视发展前的教育、培养、考察，轻视发展后的继续教育和严格管理，使部分学生入党前后表现不一致，在思想、学习、工作和生活等方面不能起到模范带头作用，党的先进性不能体现；二是党务工作者对于党员的教育缺乏理论体系，党员继续教育的机制、制度、途径都不完善；三是对大学生党员的教育管理力度不够，忽视了对他们的管理，有些支部党员只是参加党员的发展大会和预备转正大会，几乎没有参加其他学习会和生活会，更不要说党员实践活动参加得更少。

三、大学生党员继续教育管理的探索

大学生党员的继续教育培养问题已经引起各级党组织和党建工作的高度重视。如何提高大学生党员的党性修养、能力素质、发挥他们的模范先进性，已成为当前高校党建的一项重要工作。

（一）发挥党组织主渠道教育作用

党组织的教育是党员教育的重要途径，是大学生党员永葆先进性、纯洁性的有效手段。组织教育主要是采用理论教育和思想教育为主，逐步进行。首先，充分了解大学生党员的特点，分析其党性及理论水平。其次有针对性地建立再教育机制。由学院党委牵头，吸纳各级基层党委成员及先进党员、党性强的老党员，充实到教育队伍中，每周进行 2 个课时的党性教育、理论教育，再进行 2 个小时的实践教育。要求大学生党员全部参加，实现党性、理论、实践三个方面的教育。使大学生党员在新形势下依然能够认清现状，意识到自身不足并持续加强改善。

（二）加强实践锻炼，增强党员体验式学习效果

第三方物流服务商。我国的第三方物流服务商固然擅长物流运作，但是建材物流毕竟是新兴的产业之一，建筑材料的品类多，性质各异，而且客户对此类商品的运输要求较高，收到货物后发现产品外观有略微的破损或者油漆脱落等问题都会影响客户满意度和之后的购买行为，所以在配送的过程中必然需要专业的配送人员。而第三方物流服务商缺乏相关人才，配送人员对于家装建材类的商品了解度非常有限，当配送人员不能满足要求时，家居建材的配送工作很难达到高质量、高效率。

大学生党员要积极参加社会实践，在实践中学知识、长才干，在实践中接受教育，经受锻炼和考验，从而提高思想政治素质、文化道德修养和业务技术能力。作为大学生中的优秀者——大学生党员，系统掌握和领会党的基本理论知识并不难，但是将科学的世界观、人生观、价值观践行在社会实践中并非易事。因此，大学生要积极利用地方资源，引导大学生党员不断参与到社会实践中，在实践中识国情、修党性、长才干、做贡献。

通过党建“三个一”模式加强党员教育，即一个党支部联系一个团支部，一个党员联系一个宿舍，一个积极分子联系一名群众，引导党员服务同学，锻炼能力，提升综合素质，开展组织教育和自我教育相结合的大学生党员教育培养模式。

（三）强调党员自我教育，开展内化式学习模式

自我教育是教育的一种方法，有自我认知、自我强化、自我践行等三个环节。大学生的自我教育应该是在党组织对学生党员群体要求的基础上，进行的自我分析，清晰定位，在实践中不断加强自我教育，科学践行，提升自我素质。大学生党员的自我认知就是要求党员对照党章“照镜子、正衣冠”，客观、公正、正确地看待自身存在的问题，并加以剖析。但是大学生党员的自我教育不能仅仅停留在自我剖析层面上，没有自我要求、自我强化环节的提升，也不利于大学生党员形成正确的学习动机，更谈不上制订科学的行动计划。因此，大学生党员在自我认知的环节后，应尽快强化党章的要求，结合自身实际，在各方面发挥模范带头作用，始终保持党员的先进性和纯洁性，立足自身定位，着眼自身觉悟提升，加强自身党性的提升。

大学生党员的继续教育工作有着巨大的现实意义，也是高校人才培养的重要环节，更是高校党建工作的重要基础。研究和探索高校大学生党员的继续教育问题，探索高校学生党建工作的实践经验，对于顺利开展高校的党建工作，提高党建工作实效有着重要意义，也是进行创新性的开展学生党建工作的有效尝试。

思想高度重视，加强理论学习。要加强大学生党员的继续教育，首先要在思想上引起高度重视。各级党组织要站在发挥党员先进性的高度上开展继续教育工作，把大学生党员的继续教育作为保持党员先进性和发挥党员模范带头作用的系统工作来抓。同时要加强对大学生党员继续教育的理论研究，逐步形成系统的、完整的理论知识体系，进而科学地指导大学生党员继续教育和管理工作。

优化组织结构、加强支部建设。党支部作为党的最基层组织，是党员继续教育的组织

者和执行者。因此党支部成员结构是否得到优化，关系到大学生党员继续教育工作能否取得理想的效果。而党支部成员除了由辅导员担任支部书记、委员以外，建议要请一些党龄长、理论知识丰富、政治鉴别能力强的老党员担任支部顾问，也可以吸纳一些优秀教师担任支部成员。除了优化支部成员以外，建议还要优化支部划分。根据专业、年级划分党支部，高年级优秀党员可以担任低年级党支部委员。四年级学生党员多，在外实习人员多，同时面临着毕业后党员组织关系即将转出的问题。根据这些特点，建议四年级单独成立自己的党支部，这样有利于开展继续教育工作。支部党员人数也不易过多，20 人左右为好，这样便于支部开展学习、实践活动。

加强理想信念教育，突出教育重心。学生入党后“滑坡”现象的存在，很大程度上是因为学生入党动机不够纯正和理想信念不够坚定。因此，学生入党后要继续加强理想信念教育，通过再教育，进一步提高学生党员的党性认识，激发学生内在动力，使其在学习、工作、生活等各方面发挥模范带头作用，体现出党员的先进性。

加强制度建设，坚持制度育人。大学生党员的继续教育是一项长期的工作，不是一朝一夕能够完成好的，因此学校要建立对党员的继续教育的长效机制。党员继续教育和管理的思路要明确、理论要扎实、方法要多样化、内容要贴切实际，预备党员的培养、考察、教育制度要更加完善、更严格，正式党员的再教育、监督、考核、管理机制要建立健全体系。

总之，大学生党员虽然在组织上入了党，但这只是表明他们具备了党员的基本条件，并不意味着他们从思想上已完全入党。党性的锤炼、世界观的改造不是一劳永逸的，我们要把大学生党员的继续教育工作贯穿于党员发展的整个过程。青年学生可塑性很强，在于我们怎样教育和引导。因此，各级党组织要及时做好工作，加强对他们的继续教育，提升他们的综合素质，使他们真正成为建设社会主义事业的接班人。

第五节　大学生“四自教育”管理模式

教育部修订通过的《普通高等学校学生管理规定》，将“三自教育”扩展为“四自教育”。无论是从思想政教育方面来说，还是从大学生专业教育的目标来说，开展大学生“四自教育”，不仅是将大学生被动接受教育转为主动进行教育，同时也符合大学生思想政治教育的基本原则，对提高思想政治教育的实效具有重大意义。

2016 年 12 月 16 日，教育部修订通过了《普通高等学校学生管理规定》，其中第五条规定：“实施学生管理，应当尊重和保护学生的合法权利，教育和引导学生承担应尽的义务与责任，鼓励和支持学生实行自我管理、自我服务、自我教育、自我监督。”这一规定使我们通常说的“三自教育”扩展为“四自教育”。从另一个方面也说明高校思想政治教育对于学生的管理模式也在不断地变化中。在这种新形势下，转变思想观念，以生为本，鼓励和支持大学生开展“四自教育”成为思政教育中不可或缺的一环。

一、“四自教育”概念分析

（一）自我管理

学生的自我管理是指在教育活动中，学生自主开展自我学习、自我教育的活动，自己管理自身的事务，管理分配时间，进行自我约束，最终实现自我奋斗目标的过程。

（二）自我服务

学生的自我服务是学生学习生活的核心部分，是学生获取信息、完成分解各种事务、追求自身能力和综合素质的提高方面的服务。在校园生活中，学生根据自身兴趣，自主参加社团活动，获取就业信息，日常生活学习等都属于自我服务的一部分，也是学生校园生活的核心部分。自我服务是更高层次的服务，即完成各项常规性活动后，追求自身能力提高和素质拓展方面的服务。

（三）自我教育

学生的自我教育是指在教育过程中，学生充分发挥自我能动性、积极主动地配合学校的教育过程，完成高等教育的目标。自我教育始终贯穿大学生的教育过程，是“四自教育”的目标所在。

（四）自我监督

大学生的自我监督是指在教育活动中，学生自觉根据教育的过程和目标，调整自身与教育目标产生偏差的行为、习惯、目标、动机，通过内省对自己的行为表现进行自我评价和自我调整。“四自教育”的四个方面不是独立的，而是相辅相成，自我管理是基础，自我服务是手段，自我教育是目标，自我监督是保障，四者不可分割，只有统一起来才能最好的实现大学生思想政治教育的目标。

二、大学生“四自教育”管理中存在的问题

（一）自我意识增强，情绪情感不成熟

随着社会的发展，一方面大学生自我意识增强，但受生理限制，情感情绪不成熟；另一方面学生一直处在校园中，社会生活阅历不足，看问题容易片面，常常因为一些小事而激动，甚至做出过激行为。

（二）缺乏规则意识，自我管理意识薄弱

相对于初高中阶段的被动学习，学生在大学学习中无法转变学习观念，造成学习方式和方法上的不适应。缺乏自我管理意识，行为自由散漫，缺少规则意识，漠视校规校纪，这也是大学生旷课、违反课堂纪律的主要原因之一。

（三）缺乏自我教育意识，学习目标不清晰

大学生在高考后选择专业的时候，由于对专业认识不足，在进入大学校园后，缺乏自我教育的意识，学习目标不清晰，加之所学专业跟自己想象中的有偏差，造成没有明确的学习目标，学习上得过且过，只求“不挂科”万事足，甚至会出现考试作弊行为。

三、构建大学生“四自教育”管理的模式

（一）专业教育“班导师制”，搭建专业导师—辅导员—学生“四自教育”体系

专业学习是学生学习生活的主旋律。专业导师可以全方位指导学生的专业学习，配合第一课堂，延伸指导专业型第二课堂的开展，更好地发挥“教书育人”的作用。辅导员一方面在日常管理工作中开展大学生思想政治教育，另一方面通过思想政治教育主题活动的开展专注学生的思想政治素养、心理健康教育、道德品质修养，通过进课堂和宿舍，关心了解学生的日常生活。学生层面“四自教育”发挥学生的主观能动性，将被动接收教育变为主动进行自我教育，配合专业导师和辅导员开展的多样性的教育活动，使思想政治教育覆盖到学生学习生活的各方面，有利于形成全方位育人的良好局面。

（二）以党建带团建，发挥优秀榜样作用

成立大学生党建助理站，构建党员“四自”教育和管理的平台。大学生党建助理工作站成员主要从优秀党员中遴选，由学院党总支组织委员负责党建工作站的指导工作。主要工作为党务和党建两方面。党务主要指日常党员发展工作，包括组织入党积极分子培训、团员推优、党员发展、党员转正、党组织关系转出等事务性工作。党建主要指协助学生党支部开展党员组织生活、专题学习教育和实践活动等。

随着党务和党建工作的开展，党建助理工作站为学院解决了党务和党建人手不够的局面。一方面，助理员通过培训和实践，逐渐熟悉并掌握党员发展的工作流程，为实现党员自我服务、自我教育、自我管理提供了新平台；另一方面，大学生党员在各项管理和服务工作可以更好地实现自我完善、不断进步，对于学生党员的自我成长具有重要的积极意义。

（三）搭建社会支持与服务平台，助力“四自教育”管理

有效地利用社会支持与服务平台，不仅可以缓解大学生学业和就业压力，同样也可以加强大学生的专业信心。在大学生走向社会的过程中，可以有效地衔接校园生活和社会生活，为大学生就业和适应社会提供更好的服务。学校和学院可以通过建立实习基地、创新创业教育基地、校企合作等，搭建社会支持与服务平台，助力“四自教育”。在创新探索大学生教育的方法和路径的新形势下，有些高校开始将专业与工作室联系起来，由专业教研室与社会机构合作，开办面向社会、服务社会的专业工作室。工作室以学生为主体，不仅开拓了学生服务社会的途径，也实现了学生从大学校园生活到社会工作的衔接。另外，

开展社区服务与暑期实践教育活动，提升大学生参与社会服务的热情，培养大学生服务社会的意识，也是大学生思想政治教育的主要环节。

（四）依托社团组织，激发学生活力，参与“四自教育”管理

社团活动作为校园文化的一部分，不仅丰富大学生的校园生活，同时也可以作为大学生思想政治教育的一个阵地。在校园学习生活中，不少大学生会依据自身兴趣加入社团，提升自己的素质。从心理学的角度来说，兴趣可以使大学生产生强烈的学习愿望和意向，从而成为学习活动的动力。社团活动在趣味性和灵活的开展形式上能够有效地激起学生学习的动力。如专业性质的社团活动可以满足学生心理上的学业成就感，刺激学生对学业产生兴趣。教育者可以加强校园社团组织管理，规划社团组织的发展，充分利用大学生发展兴趣，有意识地引导大学生通过社团组织发挥自我学习、自我管理、自我服务的作用，激发学生的活力，使之主动的参与开展教育活动。

（五）加强公寓管理，使“四自管理”贴近学生生活

公寓作为大学生的生活场所，是大学生思想政治教育中不可忽视的阵地。“四自教育”可以走进公寓，更加贴近学生生活。结合文明公寓和学习型宿舍的创建，组建公寓自律委员会，结合党支部开展教育活动，实施党员示范宿舍及责任宿舍的党员宿舍责任制。充分发挥党员的示范引领作用，以先进带后进，以党建带团建，使学生参与公寓管理，把学风建设与基础文明习惯养成教育相结合，全面提高学生宿舍的卫生状况和文明素养。通过示范引领作用的党员宿舍责任制和模范宿舍，把引导学生和服务学生相结合，调动学生自我服务与自我管理的热情，有效改善宿舍脏乱差，调节不和谐宿舍思想状态，同时也为学院排查安全隐患和调研学生思想动态开辟了新途径。抓住公寓这一阵地，将大学生思想政治教育深入到工作中去，使其覆盖学生学习生活的方方面面，可以更好地提升大学生思想政治教育的实效性。

新形势多元化的社会背景下，加强和改进大学生思想政治教育一直是高等教育的一项迫切的任务。无论是从思想政教育方面来说，还是从大学生专业教育的目标来说，开展大学生“四自教育”，不仅是将大学生被动接受教育转为主动进行教育，同时也符合大学生思想政治教育的基本原则，对提高思想政治教育的实效具有重大意义。

第六节　大学生自我教育管理服务的创新模式

提高思想引领的针对性和实效性，是大学生思想政治工作中的难点。本节立足于工作实践，以“朋辈服务”为切入点和突破口，进行了实践探索，结合自身实际，实施“朋辈服务计划”，尊重和突出学生主体性，以岗位体验参与的形式创设学生自我教育环境，以学生正面引导和帮扶实现学生自我管理的同时自我服务，构建形成具有时代特色大学生

“四位一体”的自我服务体系。

习近平总书记在全国高校思想政治工作会议上（2016-12-08）指出思想政治工作从根本上说是做人的工作，必须围绕学生、关照学生、服务学生，不断提高学生思想水平、政治觉悟、道德品质、文化素养，让学生成为德才兼备、全面发展的人才。坚持教育与自我教育相结合是加强和改进大学生思想政治教育的一个基本原则，大学阶段应重点培养和提高大学生的“自我教育、自我管理和自我服务能力”。为提高思想引领的针对性和实效性，探索大学生自我教育管理，笔者以“朋辈服务”为思想政治工作的切入点，进行了实践探索，结合自身实际，实施“朋辈服务计划”，构建形成具有时代特色大学生“四位一体”的自我服务体系，成为提升大学生综合素养的有效途径。

一、实施思路与意义

“所谓自我教育，是指受教育者在主体意识的基础上，充分发挥主体性作用，根据社会标准及道德规范，通过自我认识、自我评价、自我控制等过程，有目的、有计划地调整自己的行为，提高自己品质的一种自觉活动。”自我教育是对马克思主义关于人的主体性理论的运用，是对马克思关于外因要通过内因而起作用原理的运用。进行大学生自我教育探索和实践，有利于改善高校学生工作，更好地做好思想引领；有利于促进学生自我发展，更好地做好成长服务；有利于形成全民学习社风风气，更好地促进社会和谐。

朋辈，《现代汉语词典》解释为，指同辈的友人；志同道合的友人。朋辈，包含了朋友和同辈的双重意思。“朋辈服务计划”以朋辈为着力点和突破口，尊重和突出学生主体性，以岗位体验参与的形式创设学生自我教育环境，以学生正面引导和帮扶实现学生自我管理的同时自我服务。“朋辈服务计划”将服务涵盖大学生学习生活的各个方面，服务思想引领、服务学习、服务生活和服务成长。

二、实施方法和过程

“朋辈服务计划”由学长学姐论坛、“小夜灯”学习志愿者、党员联系文明寝室创建、骨干助理班主任等子活动组成，体现“四项服务”，即服务思想、服务学习、服务生活、服务成长。“四项服务”构成整体，形成学生自我教育“四位一体”的服务体系，实现学生自我教育、自我管理和自我服务的全覆盖和多重覆盖。

（一）服务思想引领

选拔优秀学生开展论坛，让他们分享自己学习、成长经验，在锻炼和完善自己的同时，让朋辈之间的交流与碰撞产生思想、创新的火花，共同成长。固定地点、固定时间，做到两周一期。“学长学姐”主讲人，每学期初在高年级学生中选拔，通过辅导员、班干部推荐和学生自荐相结合产生，选拔标准不求大求全，只要学生某方面有突出表现“有故事”、有想法“有创意”等即可。论坛主题内容，由主讲人自己定，积极健康、有交流性和探讨性即可，不限内容、不限形式、不限主题。参与对象主要是低年级学生自愿参加。

（二）服务学习提升

选拔学习特长生，开展“小夜灯”学习服务活动，指导学习困难学生或低年级学生学习，帮助他们克服学习困难，共同学习。固定地点，固定时间，两周一期。学习特长生的选拔，根据课程内容由专业老师推荐和学生自荐相结合产生。服务对象由学生自愿报名和专业老师根据学习情况推荐参加相结合产生。主要形式是一对多交流学习，研修探讨。学习课程内容主要是C语言程序设计、大学英语、高等数学等，每学期中，也会结合学生的实际需要，采取一对一或一对多，开设其他课程学习讨论。

（三）服务寝室生活

选拔优秀的学生党员、入党积极分子，联系低年级学生寝室，形成特色寝室文化，共同打造幸福寝室，形成寝室特色。采取一个党员对一个或多个寝室，实现新生全覆盖。结对联系实施时间为一年。每年9月新生入学，将新生寝室和学生党员结对，一名学生党员联系1~2个学生寝室（党员人数如不够，选拔部分优秀的入党积极分子参与）。结对党员负责联系学生寝室，并对寝室学生进行大学适应、生活和寝室文化氛围营造等方面的指导。学生党支部、学生会定期对新生寝室进行检查，了解反馈结对联系情况。

（四）服务学生成长

选拔优秀高年级学生，担任大一学生助理班主任，协助辅导员解决新生在大一生活学生中遇到的困难和困惑，帮助新生快速地适应环境的同时高年级学生也锻炼了能力。担任时间一年。每年6月公开选拔优秀高年级学生，担任新生班级助理班主任。9月，老生开学，新生即将报到前，助理班主任开始上岗。助理班主任主要协助辅导员工作，并全程参与大一期间新生开学报到、新生军训、入学教育、班级管理等相关工作。

三、成效及经验

（一）实施效果

项目实施四年来，以重点推进实践的计算机学院为例。一是活动参与面广、受益面大，思想引领效果突出。参与学生、受益学生明显增多。小活动尊重了学生的主体，激发了学生参与的主动性，让他们多了相互理解、多了互帮互助，思想引领于无形，润物无声。二是活动的品牌效应日趋明显，学生和学院实现双赢。“朋辈服务计划”从思考、策划、整合、开展和推广，经过几年不断的实践和探索，在促进学生自我服务的同时品牌效应也日趋明显。项目先后获得各种奖励10多次。学生是活动的主体，也是活动的策划者、组织者和参与者。同学们在活动的过程中，学会思考、学会完善、学会推进，个人组织管理能力、服务同学意识和自我教育能力都得到明显提高。同时，项目的持续推进，树立了一大批先进学生典型榜样，典型榜样的带动，又影响了一大批学生，这样形成了一个学生自我教育的良性的正循环，提升了学生的综合能力，更好地促进其成长成才。

（二）经验启示

项目具有明显的优势，体现在：一是突出主体。尊重和突出学生主体性，时间、地点、形式相对固定，在学生岗位体验、参与的同时进行了思想引领，小活动取得大实效。二是贴近实际。以“朋辈”和“服务”为切入点，贴近学生实际，让学生更容易接受，让学生自我教育真正深入学生心灵，促进学生成长发展。三是涵盖面广。在学生工作的日常教育管理和服务相结合，融入学生学习、生活的各个方面，服务学生成长，形成了大学生“四位一体”的自我服务体系。总结经验，有三点启示：

一是以学生为本是高校学生管理的出发点。“朋辈服务计划”坚持了以学生为本，它通过创设学生容易接受的学习生活环境，为学生提供自我教育的学习示例和榜样，让学习者在学习工作中不自觉地展示了自我。学生工作只有坚持以生为本才能充满生机和活力。

二是高校必须充分发挥学生“自我教育、自我管理和自我服务”的作用。“纸上得来终觉浅，绝知此事要躬行。”学生只有亲身参与了，印象才更深刻。引导学生自我教育能充分调动教育主体的自觉性和能动性，激发他们的创造力，增强学生自主、自立与自强和促进学生全面发展。

三是高校学生活动要有灵活的载体，不断创新。新时期的大学生对传统的“说教模式”已经越来越不感兴趣了。在学生活动开展中，我们必须在贴近实际的前提下，不断创新活动载体，用各种学生乐于接受的、喜欢的形式吸引学生参加，这样能更好地激发学生的兴趣和潜能。

四、优化计划

（一）优化内容，让服务更具实效

通过座谈、调研等，进一步了解活动的实际效果，进一步了解学生的诉求。整理和修改活动过程中存在的问题，把学生实际的需求作为设计活动的唯一出发点，不断完善和优化内容，让服务的对象更具体、让服务的内容更具体、让服务的效果更实在，让活动更符合学生成长需求和实际生活，真正走近学生、服务学生。

（二）创新形式，让活动更贴近学生

探索思考更灵活、更丰富的活动形式。始终坚持以学生为本，坚持以学生自我服务、自我管理和自我教育，让活动不完全拘泥于形式、也不完全拘泥于内容。通过采取一对一、一对多、多对多、点对点、面对面……不断创新活动形式和载体，力争做到让项目内容不走样，形式更灵活多样。

（三）总结提炼，让项目更具示范效应

坚持边开展、边总结和边完善，让活动设计更科学、内容效果更具体。不断挖掘项目开展过程中的典型榜样，以榜样带动、示范，以点带面，充分发挥榜样骨干等的示范引领作用。通过微信、网站等多种媒体，不断扩大宣传，叫响朋辈口号，打造“朋辈服务”品牌，让项目产生辐射效应。

实践证明，朋辈服务计划是对专业教师队伍管理模式的必要和有效补充，对充分发挥优秀学生的积极作用、积极引导广大学生健康成长、减少校园危机起着积极重要的作用，是全方位、多层次、立体式德育网络的重要组成部分，提高了教育工作的实效性和全面性，最终达到培养学生“自我管理、自我教育、自我服务、自我发展”的目标。

第四章　大学生教育管理制度研究

第一节　大学生参与教学管理的制度

大学生参与学校管理是现代大学治理体系发展的必然要求，是“以学生为中心”的现代大学教育理念的具体体现。大学生在享受高等教育的同时也有权去参与高校教学质量管理，从而保障自己的权益，并且对进一步提高高校教学质量、实现高等教育内涵式发展也有重要意义。我国大学生虽具有参与高校管理的权利，但普遍缺乏管理的主动性。大学生参与高校管理需要有理论依据的支持、健全的管理制度和完善的保障机制。

教育家陶行知曾经说过：“学生自治，不是自由行动，乃是共同治理；不是打消规则，乃是大家立法守法；不是放任，不是和学校宣布独立，乃是练习自治的道理。”长期以来，国内高校一直采用传统的党委领导的校长负责制的直线式管理体制，学生在高校事务管理中没有话语权，学生的权利没有受到重视。近年来由于受 20 世纪 70 年代西方国家高等教育管理体制改革浪潮的影响，国内高校也逐渐开始重视学生参与高等教育管理的相关事务。

一、大学生参与高校管理的重要性

（一）有利于培养学生的适应发展能力

当代社会对高校人才的录用变得更加注重大学生的实际工作能力和适应发展能力，而不是一味地追求高学历。大学生参与高校事务的管理，可以得到很好的锻炼机会，增强自己的适应发展能力，成为真正的人才。

（二）有利于实现高校管理的民主化、科学化

我国高等教育逐步迈入大众化教育时代，大学生参与管理和决策，能让他们清楚本身需求所在，能够使学校政策法规得到大学生的认同，并且可以减少决策执行时的阻力，使决策更加科学化、民主化，以此来调动大学生参与高校管理的主动性和积极性，并使大学生实现自我管理、自我发展、自我成才。

（三）有利于提高教育教学质量

扩招是教育改革中的重要一步，教育质量始终是高等教育的生命线。在高校中，大学

生对课程设置、教学效果、教学改革、教育服务、职业规划指导等方面进行信息反馈，积极参与监督管理，不仅有利于高校教育教学质量的提升，更是学生提升自我综合素质和多种能力的重要途径。

二、大学生学校管理参与现状及原因

（一）态度冷漠

大学生学校管理参与态度上冷漠表现在对学校管理缺乏兴趣与激情。通过调查发现，大学生参与学校管理态度冷漠还表现在大多数学生对学校的管理理念及制度顺从性接受明显，对学校提出的要求的可接受性缺乏认识，甚至有抵触情绪，可是基于自身利益的考虑，对学校的各项要求采取不违背也不反抗的态度。其原因是大学管理过程始终是一种集体主义价值观，而大学生由于缺乏足够的社会阅历，其价值观尚未完全成熟，许多大学生有明显的个人主义的价值取向。虽然高校反复强调“放权”给学生，但是在大学潜在的行政化管理方式下，学生不得不采取顺从态度，这种态度很容易滋生盲从、功利等因素，在很大程度上表现出大学生仍然是被管理者，而不是主动参与的管理者。

（二）行为冷漠

大学生学校管理参与行为上的冷漠表现在学生不参与、消极参与或非理性参与各种具体的学校管理工作。还存在少部分学生是基于评奖学金、累积求职经验等自身利益的考虑而参与学校管理这样一种现象。在涉及自身利益的重大管理问题时，他们也会表现出一定程度的情绪式参与。原因主要是现有的学生参与管理的方式主要是学生会、座谈会等一系列需要学生大胆展现自我的方式，对较内向的学生来说，这些方式极具挑战性。另外，影响其参与积极性的原因还有大学生自身能力上的欠缺。所以，在参与管理的机会面前，他们有时会表现得无能为力，这种无力感使他们丧失了一部分参与热情。

三、促进大学生参与高校管理的对策

（一）高度重视学生参与，加强学校的组织工作

大学组织者要转变过去“官本位”思想，充分认识到大学治理中的学生参与和我国目前实行的党委领导下的校长负责制是不冲突的。我们都需要转变观念，促进学生的积极参与。为了保证学生能够真正参与民主管理，应该把学生参与的形式、内容写进章程，从而使大学治理中的学生参与有牢固的基石。

（二）加强宣传，提高学生的参与意识

通过调查发现大多数学生还是希望能够参与到学校管理中的，只是不知道自己能参与多少、怎么参与更好。这时宣传工作就显得尤为重要，要让学生全面了解学校的政策，了解学生参与的途径以及参与的必要性，为他们参与学校管理奠定基础；另外辅导员、教师

等进行政策宣传的同时也能拉近和学生的距离，增强学生对他们的信任感。

（三）利用现代手段，拓宽学生参与渠道

学校管理渠道是保持学生参与的重要手段。如果学生的参与意见得不到反馈，必然会影响参与的积极性。网络的发达是现代社会非常重要的特征，学生与网络的联系也越来越密切，因此我们有必要开拓现代的参与手段，保证学生参与的热情。

总之，高校让大学生参与管理，实质上是充分发挥了学生自我管理的作用，是实现学生自我管理、自我服务、自我成才、自我发展的重要途径和手段，有利于高校教师和学生之间相互沟通和交流，还能为学生锻炼能力提供实践平台，为学生就业提供保障。

第二节　高校大学生党建教育管理制度

新时期完善大学生党建教育管理制度，是推进大学生教育管理创新与改革的必然要求，对实现大学生教育管理适应新形势发展有重要意义。近年来高校党员数量快速发展，党员教育管理质量与管理标准建设落后，在经济全球化、信息时代，高校学生党建长效教育机制的缺失，使得学生党员整体素质下降，不利于新时期学生党建的进一步发展。所以高校必须要探索有效的学生党建教育管理办法，构建完善高校学生党建教育管理制度，以提升学生党员教育管理质量。

自从 2016 年提出“两学一做”党员教育机制以来，高校党建工作中就开始积极落实“两学一做”的学习教育管理措施，从激发学生党员学习机动性入手，围绕党的十九大精神中的“坚定不移落实从严治党要求”，不断加强党员建设质量，实现“两学一做”常态化、制度化发展。现阶段，高校学生党员数量快速发展，但党员发展质量不足，党员教育队伍建设落后，党员教育培训机制缺陷多。为改变现阶段学生入党动机不纯、多元化不足等现象，各大高校都在积极探索与构建一套完整的党员教育管理制度，确保党员发展质量提升，优化党建工作水平，全面提升党员思政工作的实效性。因此，笔者从制度对学生党员教育管理的重要性入手，基于制度建设的长效性与全局性要求，探索改进高校学生党员教育管理制定有效制度的保障途径。

一、制度建设对大学生党建教育管理工作的重要性

大学生是社会发展的精英人群，作为国家未来发展的栋梁，高校在思想政治教育中必须要坚定学生对党的拥趸，坚定不移走党对高校领导路线，避免社会思潮对学生思想产生不良影响。高校党组织吸纳新生党员，是高校学生党建工作的基础，在社会发展新时期，社会结构与生产管理发生多元变化，对高校学生的党建教育管理提出了新的要求，不仅要全面落实“两学一做”的基本教育理念，还要从高校党组织的根本任务、教育规划和师生

需求入手，积极研究学生党建教育管理体制。一是大学生党建教育管理必须要有制度标准，才能确保各项教育管理工作落实的科学性、系统性。二是大学生意识形态呈现多样化，我国又处于转型发展时期，所以大学生历史文化修养与社会实践必须要加强，确保学生能够在不同文化与思想交错下坚定自我发展道路，将教育管理制度作为学生多元意识形态的教育改革的基础，提高大学生政治与思想的高度。

二、高校大学生党建教育管理制度的作用

构建高校大学生党建教育管理制度，是要从制度上实现大学生党员教育机制的长效性，建立健全的组织保障机制，将健全的社会主义核心价值观融入高校大学生党建教育工作保障机制中，确保各项大学生党建教育管理工作的有序展开。第一，设立党建工作与社会主义核心价值观的专项教育经费和教育阵地，配置相应的影音教学设备，新媒体设备等，为开展党员社会主义核心价值观教育提供必要的物质保障。坚守务实、节俭的原则，明确体现党的群众路线精髓，以“为民、务实、清廉”的思想，确保大学生党建教育活动开展的实效性。第二，依据学生实际情况，在各个年级大学生中设置大学生党支部以及教育活动中心，低年级发展党员，高年级以团队活动形式加深党员教育，通过活动社团化、公寓管理社会化的趋势，将党支部建立在各个社团或公寓中。第三，依据大学生党员教育的重要性和党员发展细则，培养党支部班子，依据民主集中制原则，征求各支部委员与党小组的意见，选拔政治素质高、学习成绩突出以及工作能力强的大学生党员，作为支部书记、委员以及党小组组长等，以支部领导班子为核心形成党建合力，促进大学生党建工作质量的提升。

此外，建立健全制度保障机制，以规范化和创新化为党建制度建设核心，将社会主义核心价值观融入制度中，以科学、创新视角制定各项大学生党建工作制度。第一，加强前导性制度创新，用超前指导党员全面发展的制度，服从党的政策方针、人才培养目标以及大学生身心发展特点，从入党积极分子选拔的基础与需求，与民主监督为主制定党员公约、素质拓展计划、综合素质测评等全面引导党员发展。第二，加强预防性制度的建设，基于控制学、预测学的原理，对大学生党员目前以及将来可能出现的不良现象，制定相关的制度，提前对各项不良行为进行预防。第三，加强程序性制度创新，规范各项规章制度，落实实体制度，以程序性制度，加强组织发展，规范组织行为，如完善考查制、入党介绍人制，还有预备党员转正制、继续教育制等，做好制度的战略部署。

三、新时期高校大学生党建教育管理制度构建

创新大学生党员教育手段、构建大学生党员管理服务信息平台。“互联网 +”背景下，信息技术在高校教学与管理中的应用，推动高校工作的创新与发展。高校大学生党员管理与党建工作的开展，依托于信息技术及互联网平台、新媒体软件等，构建大学生党员管理

服务信息平台，全面收集党员个人资料及落实人员管理方案，实现学生党员工作智能化、信息化，具有较强的可行性。高校要因势利导，针对大学生在互联网以及新媒体软件中的状态，以微信、微博等为媒介，构建党员教育平台，在大数据技术、信息技术以及物联网等技术逐渐成熟的新时期，高校基层党组织利用海量数据之间的相互关联性，拓展服务高速路，实现动态预测与分析，实现智能化校园管理，为学生提供优质的服务、实施教育管理以及展开思想政治教育。例如，掌握大学生学习与生活规律，提供相应的辅导与帮助。在高校大学生党员工作中，采用一站式网上服务，如在网上缴纳党费、办理党组织关系转接、实现流动党员的组织回归等，有计划地开展工作，如党员数统计、党员入库以及开展党组织活动等，在高校大学管理工作系统中，牢牢将大学生党员管理嵌入其中，起到服务学生大众以及党员督促的作用。

强化党建工作教育队伍建设，建设党员交流平台。我国高等教育必须坚持党的领导，牢牢掌握党对高校工作的领导权。基于互联网用户至上原则，大学生党建工作可结合互联网的平台特点，凸显党员的主体地位，大学生党员实现网络实名认证后，在计算机、云端、客户端等，大学生党员都能随时随地参与到支部的组织活动，了解最新的党组织决策的部署以及监督党支部建设工作。党员教育中，通过线上党员教育平台的开展，针对不同阶段党员的学习需求，设置“菜单式”的选学内容，党员树立合理的学习目标，选择合适的学习内容以及明确学习重点和学习实现，通过对最终学习情况的测评，展开线上线下一体化的教学。教育平台设置中，可联合微信、微博及 QQ 等交际软件，为学生党员提供在线学习平台，通过微课程、微视频等制作与上传，有效激发学生的学习兴趣，满足学生的多种学习要求，高校可牢牢掌握思想政治教育的领导权。

党建工作日趋复杂，高校办学更加开放化，学生个人本位、利益本位以及权利本位等思想观念冲突更加激烈，学生不能正确、客观地认识自我，对自我发展定位比较模糊，加之近年来大学生毕业就业形势严峻，加重了大学生党建教育管理工作的难度，为将复杂的党建工作系统化、科学化，简化传统复杂的工作形式，必须要从制度建设入手，革新传统学生党建教育工作，围绕新时期下大学生群体思想与文化的动态，创新大学生搭建构建教育工作形式。

第三节　大学生教育管理中学生会管理制度

学生会是大学中的学生组织，是为了协助学校工作、锻炼学生能力而设立的。但一些学生会存在竞选制度混乱、部分学生优越感强、内部结构臃肿及影响教师教学和学生学习的问题。分析大学生教育管理中学生会管理制度，提出改善方法是调节学生会与教师、学生、干部的关系，要使学生在学生会中的职能多元化，让更多人加入学生会的选举中，加强教师和学生会的联系，丰富团建活动。

大学生学生会管理制度是在分工协助团委工作的同时，锻炼学生会学生团结协作、沟通能力、协调能力等的学生自我管理组织，虽然学生会配备一位或多位团委老师，但大部分还是学生会内部进行自我管理。学生会制度虽好，但是仍存在一些缺陷，需要改进，才能使学生会更加完善，跟上现代大学生的思想变化。学生会作为大学生高素质人才的集中组织，现有制度出现的种种不良问题会影响高校的素质教育，所以，应该积极改变学生会现状。

一、大学生学生会管理制度的作用

谢莉娜和钟鸣认为，高等院校是培养人才的强大平台，这个平台能够培养复合型的高素质人才。高等教育要更加覆盖地实施，确保目标的实现，注重教育改革，按照大市场的需求展现自身特色，按照当代大学生的特点，更新大学生的管理模式，同时培养出一批新的复合型的高素质人才。

（一）学生会管理体系

一般学生会以主席团为第一责任人，设置多个分支部门。体系结构顺序分为主席、副主席，然后再到主席团管理的各部门部长、各部门副部长，再到各个部长管理的干事。他们分工明确，互相负责。

工作安排由教师交接主席团，主席团再将任务分发下去，各个部长在完成任务时，需要明白自身的权能及责任，不得越权，也不得不负责任。主席团有权辞退部长，部长有权辞退或罢免副部长，副部长有权辞退干事。

例会制度为周会、月会、活动会议等多种形式，主要是为了下发接下来的任务及总结已完成的活动，用于反省自身不足、总结活动内容等，意义在于使学生会内部更加团结，学生会工作能力更加出众。

招新制度为按学期招新制度，每年第一学期，学生会将会进行一次招新活动，吸引新人才，为学生会增加新力量，为学生开启锻炼自己的平台，制度主要为面试、笔试、活动考核等多种方式，同时遵守“公平、公正、公开”原则，有时在学生会人力资源缺乏时，也会在特殊时间进行招新。

换届制度为选举制，在学生会工作达一段时间后，可以参加学生会换届选举，由教师、主席团、各部门部长共同商讨后，确定新一年的学生会干部。作为学生会干部，除了要有优良的成绩和工作能力及群众基础以外，更要拥有诚实的品格。

活动开展制度为策划书制度，每个部门都有权利开展活动，但需要制作活动流程策划交给主席团审核后，与教师沟通活动是否有开展价值以及其他一些问题，确认无误后，部门部长可以和主席团申请调动活动资金及其他部门的协助，共同完成活动，其目的都是为了活跃校园文化以及提高学生积极性。

（二）学生会管理体系的作用

学生会是学校的一个组织管理结构，作用在于服务学校，通常由学校管理，在指导教师的带领下通过服务学校、锻炼自身、管理自身的自愿性服务，完成自身的目标价值，是学校教师领导联系学生的桥梁组织。他们各司其职，在学校党组织的领导和共青团组织引导下，完成下达的任务，以达到自我服务、自我管理、自我学习的目的。通常由教师下达任务后，主席团接收任务并与教师沟通，然后分工到其他各个部门并监督工作；其他部门接收任务后，与主席团沟通交接，并按照要求完成任务。2004 年颁布的文件《中共中央国务院关于进一步加强和改进大学生思想政治教育的意见》中明确指出："高校学生会是党领导下的大学生群众组织，是加强和改进大学生思想政治教育的重要依靠力量。"

对学生会内部成员的影响：一个人最基本的素质绝大多数是在学生时期形成的，加入学生会能锻炼自己的组织领导能力、协调能力、社交能力。这几方面的能力对学生以后进入社会的发展极其重要，它是一个出色的领导人必须具备的基本条件，即使是普通人，这三方面的能力在一定程度上决定着我们日后的发展。加入学生会可以在踏入社会之前，更早的锻炼自己的社交能力、实际工作能力、应急处理能力、关系分析能力，锻炼较强的社会实践内容，对形成自己优良的品质也会有巨大的促进作用。

对学生会以外学生的影响：让学生感受到荣誉感，丰富了学生个人的大学生活，了解到作为学生也可以去承办一场活动，增加了学生的积极性，从而促进自身动手能力、思考能力以及社会实践能力，同样，学生会也会对他们有积极的带头作用和榜样作用。

二、管理制度的不足

对于干部问题，白芮萌认为高校学生会干部是高校学生优秀群体，是团委、教师等和大学生沟通的桥梁，是高校管理模块工作的强大力量。可以看出，对于高校学生干部的选举及培养工作是学生会的重要工作。而现在学生会的选举及培养体系虽较为完整，但仍然存在一些不足，有待完善。

第一，学生会内部结构臃肿。学生会大多分为系级别及院级别，多数学校会有好几个学生会组织存在，而学生会组织又分为众多部门，在这样的情况下，需要一个庞大的干部队伍支撑整个学生会，形成了官比群众多的现象，干部也就没有基本的部员支撑。

第二，学生会"官僚"现象。有一部分学生会组织的干部受到外界的不良影响，形成官僚主义，没有正确认识学生会干部该有的姿态，也没有摆正在学生会学习社会技能的态度，颠覆了学生会存在的正确意义。

第三，影响学习，影响教师教学。学生会工作繁杂，多少会给学生增加学习上的压力，造成学术不精的问题，同时，也有一部分干部以学生会工作为由，向教师请假，影响教师正常教学。部分较忙的学生会干部在期末考试期间甚至还有工作，导致出现考试不及格的问题。

第四，竞选制度的影响。投票竞选的学生会制度下，储备干部之间出现恶性竞争，不仅影响了学生之间的感情，互相攀比，也助长了学生的不良心理，树立了不良风气。

第五，不良的学生优越感。很多学生干部虽然没有产生官僚主义，但这个制度下，他们并不是只服务于学生，他们通常听从于管理学生会的教师，而不是满足普通学生的要求。在这种情况下，其实已经产生了无形的距离感。干部们优先从教师口中知道很多学校的信息，有的甚至享受特权，剥夺了普通学生参与活动的机会。这种情况下，他们必定会产生优越感，从而影响很多普通学生的大学生活体验。

三、学生会管理制度下管理层应注意的关系

第一，干部与老师的关系。学生干部首先要和指导老师形成良好的沟通链，让师生能够形成良好的交流，更好地服务于学生会的工作。管理层应该积极了解学生会现况，及时向指导老师反馈，形成学生会的监督作用，要相互理解，尽力帮助老师完成团委下达任务。

第二，干部与学生的关系。学生干部首先要注意与普通学生之间的关系，要明白学生会本身服务于学生，干部的本质只是拥有更多责任用于服务学生。张靖认为，应使学生会干部认识到，自己的角色是一名学生，而不是权力掌握于自身的管理者，干部来自学生，所以要接受同学的监督。他们手中的权力貌似学校授予的，法理上是全体学生赋予的，所以不能忘记自己的学生身份，更不能用权去做违背章程的事情，也不能脱离群众。学生会制度应创造更多、更好的条件让其他学生参与到学生会干部的竞选工作中去，给其适当的竞选干部决定权，让学生会干部成为服众的“百姓官”，防止学生会内部出现官僚化及优越感的现象。

第三，干部与干部的关系。首先应明确自己是一名大学生，然后才是一名干部，干部与干部之间不能攀比、相互推卸责任，应互相配合，形成良好的交流。其目的应统一，都是为了服务学生、服务学校，在工作中锻炼自身。

四、学生会管理制度的必要改善

第一，职能多元化。学生会各个部门虽然相互独立，但其目的只有一个，就是为了完成上级下达的任务，在工作中不断提升，所以，学生会应持有“分职不分工”的态度，当其他部门人手不够或特殊情况时，学生会每一个人都应有觉悟去主动帮助每一个工作人员和教师、学生。系学生会与院学生会也不需要明确区分，应同等看待每一个学生会，各个学生会中都应设立沟通人员，端正为大家服务的意识，正确认识到作为学生会成员应履行的责任。

第二，学生投票制选举。学生投票制选举能使整个学生会做出“公平、公正、公开”的选举，让学生会干部的选举有目共睹，也让选举的储备干部更加努力为学生会工作，让普通学生以及未竞选的成员参与到学生会中，拥有适当的权利。

第三，学生会团建活动。学生会应更加注重团建活动，把团建活动当成维护学生会内部团结及内部稳定的一个重要因素，所以，必要的更新团建活动类型及灵活控制活动的周期是学生会管理制度建设的重要因素。管理层可以安排各个部门形成周期，依次举办特色团建活动，在活跃内部组织的前提下，调动其他同学对学生会的积极性。

第四，教师应深度“走”入组织。学生会的指导教师及团委教师应注重各个部门乃至各个干部存在的问题，掌握解决方法，深度走入基层。明白学生想要什么，缺少什么，活动中有什么是目前条件解决不了的，应及时向校方反映，为学生创造更多的机会与挑战。

第四节　双创背景下大学生教育管理制度

高校教育管理水准极大地影响着学校的办学质量和后续发展，上升到国家的高度，还会关系到我国人才强国战略的顺利实施。如今，创新创业已走进高校，在双创背景下，高校管理者对大学生的教育管理制度应进行针对性的改进。并且制定出明确的创新创业教育模式，充分了解目前市场中对创新创业型人才具体需求，基于市场需求有针对地制定科学的、合理的教育管理制度。科学合理的教育管理制度不仅可以有效提升大学生的专业基础知识与道德素养，还可以助其建立正确的创新创业理念，增强其创新创业能力。

随着经济的发展，“大众创新、万众创业”的战略实施，已经成为拉动社会经济进一步发展的重要战略目标。高等院校作为培养高素质人才、专业型人才的重要基地，应积极响应国家号召，认真贯彻实施这一发展战略。在实施该战略目标的过程中不仅为学生创造了更多的发展机会，解决了一部分高校毕业生的就业问题，还可响应国家号召，为国家的创新创业经济发展布局助力。建立有效的高校学生管理制度即可推进高校的发展，也标志着高校学生管理工作的顺利进行。

高校学生管理制度的首要功能就是服务学生，为学生在学校的学习和生活服务；其次，是在学生管理工作中起到协调和规范作用；再者，可对学生今后的发展起到引导作用，以及在一定程度上对学生起到思想政治教育的作用；最后，对于管理者的依法办学、依法治校有推进作用。在双创背景下，应对现有的教育体制进行改革，通过深入研究，制定有效的改革路径，为双创环境下的大学生制定科学合理的教育管理制度，以求建设中国教育特色、符合现今高等教育实际和人才培养模式的高校教育管理制度，使其更加科学化、民主化、合理化、合法化。

一、大学生创新创业教育模式

（一）就业导航与教学管理的有机融合

以当代大学毕业生的就业困难问题作为高校开展教育管理工作的出发点，明确问题所在，调研市场中人才类型的缺口以及国家下一步经济发展战略目标。结合以上几点，调整教学模式，不仅教授学生专业基础知识和技能，还应把就业指导纳入教学中。将就业指导课程与教育管理结合起来，争取将教学变得全面且符合时代的发展。从国家的经济战略发展目标来看，对大学生的创新创业极其重视，并出台了很多帮扶政策。因此，高校可有针对性地开展创新创业培训课程和实践活动，提前为大学生的就业做好指导。针对大学生的就业指导培训与创新创业教学之间相辅相成，关系紧密，创业即就业，而且是更主动的就业，通过这种方式可在一定程度上减缓大学毕业生的就业压力。若是这部分创业的学生在今后小有所成，还可为其他人创造就业机会。这是一个良性循环，往后会逐渐减缓社会的就业问题，是保持社会稳定的重要方法之一。所以，对大学生的教育管理工作中，将就业指导融入其中，引导他们树立正确的、符合社会发展的创新创业理念，并辅助其建立适合自身发展的职业规划是百利而无一害的。

（二）创新创业教育与专业知识教育的有机融合

由于社会经济发展速度过快，造成市场对人才的要求越来越高，包括他们的专业技能、道德素养和综合能力。为此，高校相关部门对学生的教育应及时做出调整，继续深化改革，大力提倡素质教育并付诸行动。在以往，高校教育比较注重学生的专业知识和专业技能的提高，其他素质教育的培养力度较低，不能使学生的综合素质教育得到有效培养。自从“大众创新、万众创业”理念被提出后，各大高校纷纷将创新创业教育纳入教学管理中。

除此之外，在实际教学中，针对不同类型的人才缺口，应采用有针对性的教学模式，真正将创新创业教育和专业知识教育有机结合，创造新的人才培养模式。针对这类新的教学模式，需要制定科学的课程体系，不至于比以往的教学多出令人难以承受的学时。否则就是本末倒置。制定科学的、符合市场需求以及学生未来发展的教学课程体系，统一人才培养理念，建立更科学、更具有时代性的高校教育管理制度。这种以掌握专业知识为主，学习创新创业理念为辅的教育模式的建立有望对学生进行科学的教育管理。而且教育管理应该遵循以下几个原则：坚持以学生为本、坚持依法治校、坚持公平公正、坚持程序化和民主化、坚持鼓励与约束并存。

二、双创背景下大学生教育管理制度的改革

高校在双创背景下制定大学生教育管理制度时，应将创新创业教育管理模式有效利用起来。而且要善于运用政府给予的支持和社会资源，建立由高校推进、学生参与的协同育人机制，创建符合现代发展的教学管理模式，具体实施如下：

政府主导。要探索国家政府在高校学生教育管理制度制定和完善中所处的位置，首先必须明确政府与高校之间的具体关系。在中国教育和改革发展纲要里规定了我国实行的是中央统一管理、地方分权进行具体事务管理相结合的办法，而且以地方政府管理为主教育管理体制。说明我国高校最高管理机构还是中央政府，无论是公立高校还是私立高校。

如此一来，在高校教育管理制度的完善上，中央政府应该做好领头羊，做好带头作用。首先，制度的制定必须按照相关的法律法规，切勿与法律条款相背。其次，继续秉承以人为本的管理理念，融入创新创业思想，摸清这一时期学生的成长需求，制定出符合社会和学生发展的管理制度。最后，制度的制定和实施要做到松弛有度，不能对学生进行事无巨细的无缝化管理，抓住主要矛盾即可，高校与高校之间存在差异，在一些细节方面该由高校来决定，给足决定权。做到以上几点，高校的教育管理制度才能保证其合法化、科学化和人性化。

高校实施。高校要推进双创背景下的学生教育管理制度，应该做到充分了解国家制定的相关政策的真实含义，结合自身学校的实际情况，制定出符合本校学生管理的高校学生管理制度，将创业创新的课程体系进行更新完善。坚持遵循以人为本的管理理念，跟紧时代的发展，了解学生所需，制定确实能为学生服务的高校教育管理制度。将各项管理制度进行细化，确保管理制度做到有法可依、有理可循。制度的制定和完善最终还是为了实施，因此具体的实施过程应该严格进行，注意管理的方式方法，培养一批专业的管理团队，对学生进行科学化管理。

学生的参与。高校教育管理制度是为了规范学生的行为准则，学生作为管理制度的对象，是管理制度的主体，也是高校的主体。因此，学生的参与才是管理制度得以完善的必要条件，也才体现出学生才是高校教育管理的主体。学生的参与主要是要求学生要自觉遵守制度中的各项规定，并让他们以制度实行的对象身份给出有针对性的意见，辅助完善高校教育管理制度。在相关政策制定之前，要对学生开展有针对性的调研，了解双创背景下的大学生的发展方向和特点、思想状况、心理健康等，根据调查结果制定可行的、适宜的管理制度。在执行阶段，鼓励学生自觉遵守规定，自我约束，自我管理。相关制度实施一段时间后让学生反馈信息，做出评价，为后期完善各项规定做铺垫。

社会的支持。双创背景下的高校教育管理工作要比以往更系统更复杂，也越来越离不开社会上各类企业的支持。市场经济一直在不断深化改革，对工作人员的分工越来越细致，因此市场对高校输出的学生素质要求越来越高，包括专业质素、综合素质。从另一个角度来看也是对学校的管理模式和管理方法的要求变得越来越高了。社会对人才种类的需求是高校教育管理的努力的方向。换句话说社会成了高校管理制度的第三方监督人，监督高校管理是否不依法、是否不合规、是否对学生的合法权益有所损害、是否按照国家政策规定将创新创业思想融入其中，完善课程教育体系。

除了以上几点，还应将管理制度不合规的条款剔除，跟上时代的发展；基于创新创业背景，填补高校教育管理制度与之相关的空缺；修正、精确管理制度中存在的偏差，包括用词不准确、模棱两可的表达、规定条款不够精细等。完善高校中的处分制度也是教育管理工作的重要组成部分，可从以下几点对其进行完善：首先，与时俱进，保证处罚有法可依；其次，统一处罚标准，将规定更加细化；再者，保护学生的合法权益，给予足够的申诉权利。

总而言之，在创新创业的大环境下，高校在对学生进行教育管理的过程中，应将大学生毕业后的就业问题考虑进来，建立符合不同专业学生发展的课程体系，结合当前市场经济中创新创业型人才具体缺口，将教育管理、指导就业、专业知识教育与创新创业培训有效融合起来，基于政府和社会的支持、学生的参与，制定并实施符合创新创业环境的教育制度，以此来帮助新形势下的大学生建立科学的创新创业教育平台，在对其开展专业知识课堂教学的同时，将创新创业教育理念渗透进去，达到毕业即就业的成效。还可有效提高大学生的综合素养、和创新创业能力，为其在未来的就业择业加分。

第五节 自治教育理念与大学生自治管理制度

随着高等教育的改革发展，大学生在高等院校中获得了一定的主体地位，高等院校的服务意识与人本理念不断增强，在“他治”与“自治”的互动改革下，大学生的“自治”管理基础得到了有效夯实。因此，高等院校构建大学生“自治”管理服务制度，需要实现从“管理者”本位到大学生本位、从“外部控制”到“自我革新”、从“外部借鉴”到“实践创新”、从“外部责任”到“主体责任”的转变，并从国家相关管理部门、高等院校、教师和大学生四个层面提供有力保障。

“自治”管理是高等院校大学生管理工作的重要趋向，通过构建科学的大学生“自治”管理服务制度，实现大学生管理本位、责任边界和控制系统的革新，进一步明确教育主管部门、高等院校、教师与大学生的行为准则。著名教育家陶行知先生曾说，“学生自治是学生结起团体来，大家自己管理自己的手续”。他定义的自治教育理念，如今依然影响着现代高等教育。随着社会的发展和高等教育改革，大学生的学习、生活方式等发生巨大的变化，大学生的世界观、人生观和价值观也随之变化，他们的思想观念更加开放，不再满足高等院校内部传统的统一化的“他治”管理方式，逐渐表现出叛逆与反抗的情绪，这种管理方式也难以满足高等教育对于培养高素质人才的现实需求。因此，在改革发展中高等院校要不断强化大学生自我学习、自我管理与自我发展的能力，将“自治”理念融入大学生管理过程中，构建高等院校大学生自治管理服务制度与相关保障体系，而高等院校在近年来积淀的服务意识与人本理念等为高等院校的大学生“自治”提供了可能。

一、高等院校推行大学生自治教育理念的价值和意义

（一）新时代大学生主体地位的有力落实

新时代，高等院校极为注重对大学生自主性的培养，国家关于大学生创新创业能力的培养要求，以及社会对于自主型人才的现实需求，都高等院校必须将大学生创新能力、创造能力、责任意识以及主体精神作为主要培养目标。“主体性在人的实践活动与认知活动中所反映出的是人的自主性、能动性与创造性的结合，主体性教育正是一种培养受教育者

主体性的实践活动”。高等院校从人才培养方案设计、大学生活动的开展以及制度体系构建都在不断落实大学生在高等教育中的主体地位，不断激发大学生的自主潜能，凸显大学生的主体作用。在现代大学制度框架下，大学生既是教育对象，也是教育主体，良好的制度文化与保障举措，提升了大学生对高等院校、现实社会的价值认同感，从而促进大学生个体发展与社会发展的有机统一。随着新时代的到来，高等院校内部的公共性与民主性进一步凸显，传统的师生关系转变为具有现代特征的教师引领性与大学生主体性共融关系。新时代赋予了大学生全面健康发展的有利环境。因此，在新时代背景下，高等院校对大学生管理活动相对传统模式而言发生了根本性变革，大学生不再被作为管理对象与客体，而是以主体身份参与构建新型教育管理模式，这有效落实了大学生的主体地位，为高等院校树立大学生自治管理中的教育理念奠定了坚实基础。

（二）高等院校服务意识与人本理念的价值实现

高等院校实现大学生自治教育管理需要从上到下转变观念，尤其是要进行以服务意识与人本理念为基础的价值选择，改革传统“他治”教育理念主导下的控制与约束性思维。高等教育大众化发展让更多的大学生能够有机会接受高等教育，高等院校所面临的大学生的复杂性与多样性不断增强，同时也肩负着提高大学生培养质量的重任。在双重压力下，高等院校不断突破教育管理瓶颈，形成了以教育为指导、以柔性化管理为手段、以服务为主要方式的现代管理机制，并不断创新大学生管理模式，构建高等院校内部的人本化环境与氛围，对大学生在校期间的成长发展产生了一定的积极影响。高等院校的服务意识与人本理念是看不见、摸不着的“无形手”，渗透高等教育的每个环节，需要全校师生在产生共同“认知”基础上产生协同行为。高等院校的顶层规划、改革发展和制度设计为教师发展服务，让教师获取足够的幸福感与满足感，同时教师也要为大学生服务，这种有效服务与“以人为本”理念有助于促进高等院校构建大学生自治管理体系。

（三）“他治”与“自治”优势互补推动高等教育改革

随着党的十九大召开，中国特色社会主义进入新时代，高等院校作为中国特色社会主义文化传承与发展的主阵地，作为培养社会主义建设者和接班人的重要载体，更加尊重人的发展。尊重人的个性是时代与社会的现实要求，通过大学生自治管理调动高等教育主体的积极性，推动大学生学会自我管理、自我教育与自我完善，是高等院校提升大学生综合素养的重要举措。但是，不同的教育内容与活动方式存在不同的管理方法，需要在自治教育管理的同时，保持教师的“他治教育”，形成高等教育管理的合力，共同实现高等教育与大学生自我管理目标。在大学生管理实践中，高等院校他治教育与自治教育并不是非此即彼关系，不能用自治教育完全否定他治教育，而是充分利用两者的依存关系，将自治教育的平等、民主和自由观念同他治教育的规范性与保障性相结合，形成有效的大学生自治教育管理方式。大学生自治管理的主要意义在于调动大学生的主观能动性，通过自主、自觉和自律等方式不断提高自身素养，但在大学生心智尚未成熟的重要阶段，依然需要高等院校的他治教育行为进行规范与保障，与自治教育形成优势互补，而这种互补的观念逐渐被社会与高等院校所认可，而在不断的实践探索过程中，自治教育行为也被科学、公正的认知与应用。

（四）高等院校大学生自治教育管理基础的有力支撑

高等院校实行的大学生自治教育管理具有强力的外部支撑与发展基础。首先，国家法律法规及规章制度如《中华人民共和国教育法》《中华人民共和国高等教育法》《普通高等学校学生管理规定》等已明确提出支持高等院校设立大学生团体组织，并赋予一定的内部管理权限，虽然并未放开自治权利，但在法律规范上已有自治教育管理发展的趋向，基本能够明确大学生掌握一定的自治权。同时，高等院校同外部社会环境的交互关系越发密切，在社会实践及产学研合作过程中，社会对大学生的自治教育管理观念、意识及能力的形成也极为注重，在外界形成了一种推动力，促使高等院校改革传统的大学生管理体系，引入大学生自治教育管理模式。在高等院校内部也在一定程度上形成了保障大学生自治教育管理的相关制度举措，尤其是在高等院校的权利结构与系统中，以合理性与合法性为前提，在已有大学生管理制度的基础上，创新了大学生“书院制、社团制和第二课堂设计”等相关制度及其模式，促使大学生自治教育管理在程序上与机制上的可行性和有效性，同时不断健全的权益保障制度也为大学生自治教育管理提供了维权渠道。

二、完善高等院校大学生自治管理服务制度建设

（一）从管理者本位到大学生本位的规划制度建设

传统的大学生管理模式在科层制架构下，高等院校强调等级化序列与管理者的权威，注重自上而下的管理方式，决定了大学生以被管理者角色定位于高等教育管理关系中，大学生处于弱势与被支配地位，这便形成了以管理者为本位的价值取向。“树立大学生自治理念是关键要素，在倡导‘师道尊严’的传统教育文化中，学生是教育的被管理者与客体，在教育教学活动中处于从属地位。”新时代高等院校更加注重大学治理体系与治理能力现代化建设，强调向现代大学进行转型发展，提倡构建一个多元主体、协调互动的开放管理系统，形成大学生自治管理服务制度，而根本是要在观念上进行转变，从管理者本位到大学生本位。大学生是高等院校生存与发展的主体，离开大学生的高等院校将失去生存价值，其在决定自身成长与发展道路上享有参与自身管理的监督与决策权，在高等院校科学、有效引导与监督下，大学生能够根据自身个性化需求在一定的规则下，选择适宜自身发展的学习条件、社团活动与社会实践等，这更加符合人本主义的发展理念。“大学生管理体系植根于高等院校内部管理生态系统，彰显人文关怀的本质属性”。同时，大学生是已具备完全民事行为能力的公民，且在当今信息化高度发达的背景下，有一定明辨是非与获取信息的能力，按照传统的角色定义大学生则不合时宜。因此，高等院校构建大学生自治管理服务制度，应以服务大学生成长发展、满足大学生需求为逻辑起点与价值归宿，转变传统

的高等教育管理理念，构建符合新时代以大学生为本位的制度体系，尤其是在制度设计过程中转变大学生管理者的观念，树立大学生自治管理与服务意识，真正在实践中落实大学生本位观。

（二）从外部控制到自我革新的组织制度建设

“制度不健全主要是由于相关管理机制不完善造成的，依法治校理念依然停留在口头上，没有真正落到实处”。高等院校构建大学生管理服务制度，在转变管理理念，形成大学生自治意识的基础上，要进一步强化管理组织建设，从注重外部控制转变为支持大学生的自我建构，高等院校从组织角度彰显大学生的自主权利，将大学生自治管理和人才培育、服务社会与科学研究进行嵌套与融合。在组织制度设计上，高等院校要更加关注大学生的实际需求，提供促进大学生自我完善、自我发展和自我成长的组织保障，并吸纳大学生代表参与组织制度设计。自我构建是新时代高等院校大学生自治管理制度建立的重要基础，符合当今大学生成长发展的需要，能够唤醒大学生的内在需求，通过外部环境的刺激提升大学生的内在动机，同时更加符合大学生个性化发展对管理组织制度的要求。“大学生群体属于高成就需求的群体，但是大学生个体又具有异质性、差异性。因此，支持大学生的自我建构应该根据大学生的个性化本意、特长和潜能，以及发展目标，在有针对性分析的基础上，运用不同方式给予满足。”

（三）从外部借鉴到实践创新的行为制度建设

在具体的行为制度设计上，高等院校要体现以大学生自治管理为改革落脚点的服务特质。伴随现代科学技术的日新月异与专业技能的不断细化，大学生未来走向社会需要面对更为复杂的生存环境，在传统的培育模式下，大学生难以获得自主成长与发展能力，尤其是在大学生管理环节，缺乏培养大学生自我规划、自我促进和自我成长的机制，一味借鉴与移植其他经验与模式，并不能满足个性化大学生自治管理需求，要从实践出发进行行为制度的创新突破。高等院校教师扮演大学生的重要引导者角色，心系人才培养的责任与使命，不断提高指导与服务大学生的水平。高等院校大学生管理行为制度建设是构建服务制度体现的重要抓手，高等院校要通过大学生自治管理的行为制度设计，实现对大学生自治管理服务的制度审视，适度提高大学生管理水平，促进大学生的自我完善与全面发展，体现高等院校大学生自治管理工作的时代要求。

（四）从外部责任到主体责任的责任制度建设

在传统的大学生管理制度理论中，大学生成为管理制度的客体，其深受社会环境、家庭环境与学校环境的影响，从中造成大学生的集体意识缺失，许多责任不懂担当，集体义务感与荣誉感缺失，难以清晰地界定自身的行为责任，责任监督行为主要是外部监督。当代大学生追求个人自由与个性独立，强调以自我为中心的现象明显，在参与集体活动过程中难以进行协同合作，而对于结果与责任往往表现得漠不关心或相互推诿。“集体责任感的缺失直接反映出大学生利己主义的泛滥，诱发大学生的人际关系问题已成为常见的心理问题之一，严重困扰着大学生的学习与发展。”因此，在当前大学生的个性要求与现实需求下，高等院校构建大学生自治教育管理的责任制度势在必行，从制度层面构建大学生自我约束、自我负责的行为机制，通过信息网络的方式形成大学生成长记录袋，详细记录大学生在校期间的成绩与表现，并对自己的行为进行评价与责任认领，提高大学生同教师、家长的交流频次，接受外部环境的监督，落实主体责任制。

三、构筑高等院校大学生自治管理服务制度的保障机制

（一）国家相关部门提供政策与立法支撑的长效保障

国家政策保障与立法支撑乃是高等院校大学生实行自治管理的顶层设计，也是构建大学生管理服务长效机制的根本保障。西方发达国家通常以立法形式明确大学生在高等院校管理中的基本权利，同时规定大学生参与大学管理的程序与条件，我国在这一方面处于滞后状态。中国涉及高等教育领域的法规及规章制度主要有《中华人民共和国高等教育法》《普通高等学校学生管理规定》《高等学校学生行为准则》等，其规范了大学生管理，但没有对大学生自治教育管理的权利进行明确规定，造成无法建立相关服务制度。因此，在国家不断强化治理体系与治理能力现代化的大背景下，高等院校的治理能力也在不断增强，围绕办学要素进行相关制度建设，保障教育教学、教师评价和大学生管理等多个领域有章可循，而这一举措的前提是国家提供政策与立法支持。高等院校真正落实大学生自治管理，需要国家立法机构、教育主管部门尽快修订相关法律法规及规章制度，借鉴发达国家的相关经验，结合本土实际情况，提供大学生自治管理的相关法律规范，有效构建高等院校大学生管理服务制度体系，做好顶层设计，形成大学生自治管理的长效机制。

（二）高等院校提升治理能力与文化作用的本体保障

在实施大学生自治管理过程中高等院校发挥着本体性保障作用，通过组织、制度、资金、后勤和安保等多渠道，为大学生自治管理提供良好的环境条件。高等院校首先要摒弃传统大学生管理的理念，正确看待大学生在管理活动中的角色地位，真正将服务意识转变为大学生自治管理的保障性行为。现代大学生管理的核心内容是大学与学生之间的良性互动，也就是说，在高等院校行使管理权时，大学生并非只能被动接受管理，而是应当积极主动地参与进来，应当主张自身的合法权益。在诸多保障举措中，最根本的措施是建立高等院校服务大学生自治管理的保障机制，明确大学生参与治理的事务范围和治理权力的边界，在涉及自身权益的大学生事务之外，提升其参与行政事务、教学事务的治理权限，并根据工作属性的不同，以及大学生能力的差异，合理规范大学生参与治理行为。高等院校必须要明确大学生参与自治管理的程序，增设听证制度、申诉制度以及合理的维权通道，在现代大学制度框架下，提供大学生自治管理的各项权利。在高等院校对大学生自治管理提供本体性保障过程中，要在组织、制度等多个层面采取行动，成立质量监督部门，按照大学生管理的规章制度，有效监督与评价高等院校内部在大学生自治管理中的行为举措、

价值选择与功能发挥，对不正当行为进行有效纠正，并及时采取措施解决问题，形成有利于“他治”与“自治”相结合的制度体系与文化氛围。

（三）教师有效引领与提供适时他治教育的功能保障

按照传统的高等教育管理模式，高等院校教师是大学生管理的功能主体，尤其是辅导员，负责大学生的学习、生活、实践活动乃至思想政治教育等全方面管理工作。随着高等院校大学生自治管理理念的深入，充分发挥大学生自治服务制度的作用，教师必须要发挥好引领作用，适时给予有效的帮助，激发大学生自治组织动力，保持正确的自治管理方向，既强调大学生的主体性价值，同时也要符合高等院校关于大学生管理的基本要求，尤其是要把好政治关，强调对大学生的思想政治教育一定融入自我服务与服务他人的过程中，避免出现过激的违反政治原则的不当行为，这是教师进行有效他治教育的重要任务。教师在注重培养大学生自治能力的同时，要发掘优秀共产党员及优秀大学生干部的领导能力，让他们在大学生自治管理中发挥先锋模范作用，强调大学生党员的先进性，进而带动大学生队伍的整体发展。教师的社会经验与职业素养是大学生成长过程中宝贵的财富，需要在日常教育与交流中进行传授，这些经验在大学生自治教育管理行为中难以获取，必须以传统的教授方式为主，发挥他治教育的功能保障作用。

（四）大学生参与治理的意识和能力的个体保障

“大学生参与大学管理的历史，权利的争取、行使与权利主体的意识和能力息息相关。要使大学生在大学复合共治模式中有效行使参与权，首先要培养大学生参与治理的意识。”高等院校对大学生“自治”意识的培养是实施大学生管理服务制度的重要保障，只有让大学生从内心树立主体观念，明确自身在高等教育过程中的主体地位，才能认识到高等院校管理服务是为大学生服务的应然属性，才能积极表达高等教育合法的利益诉求，投身于大学生自治管理过程中。此外，高等院校也要在行为实践中锻炼大学生的自治管理能力，多提供利于大学生成长发展的文化活动，让大学生社团组织进行自我设计、行动与总结，在实践中锻炼、提升大学生的责任感、组织能力、沟通能力和决策能力。同时，高等院校也要将针对性培训与实践锻炼并重，注重提升大学生自我管理的理论水平，用理论指导实践，有利于提高大学生自治管理的科学性与实效性。

第六节　大学生素质教育的困境审视与制度

大学生素质教育是高校培养全面人才的重要内容与衡量标准。自从我国开始倡导与实施素质教育以来，大学生素质教育的实施效果得到了改善与提升，但是仍存在着一系列问题，主要体现为制度困境、管理困境、实践困境。因此要大力推进素质教育制度体系建设，树立科学的素质教育观念，使素质教育真正落到实处，共同推进大学生素质教育全覆盖，从而使高等教育真正实现回归常识、回归本分。

改革开放以来，提高大学生素质教育是加快社会主义现代化建设步伐的前提与关键。早在 1999 年年初，中共中央国务院颁布实施《关于深化教育改革，全面推进素质教育的决定》（以下简称为《决定》）指出以提高中国公民素质教育为核心，以培养学生实践能力与创新精神为重点，实施素质教育，完善教育体制从而造就有理想、有道德、有文化、有纪律的德、智、体、美等全面发展的社会主义事业建设者和接班人。指明了素质教育的重要目标以及衡量标准，强调各方面教育协调、统一发展，将素质教育贯穿于教育的每一个阶段，尊重每一个受教育者身心发展、激发内在潜能，提升学生的各方面素质，完善学生人格，更好地促进学生全面发展与健康成才。进入 21 世纪，我国颁布《国家中长期教育改革和发展规划纲要（2010—2020 年）》，明确规定教育的战略宗旨是全面实施素质教育，培养高素质专门人才与创新人才。在党的十九大报告中也反复强调素质教育的战略地位，以立德树人与以人为本为出发点，全面发展素质教育。同样，2018 年 6 月，《成都宣言》也再次申明高等教育的核心使命以及教育改革发展的基本逻辑，必须牢牢坚持立德树人、教书育人、提升内涵、公平协调等范式培养时代新人。一系列的文件报告说明素质教育是如今我国教育改革的指向标，是对传统教育理念以及教育方式的改革与反思，是 2030 年高等教育实现现代化的重要助推器。

在素质教育实施的二十年中，国家教育部门以及学校采取了相关措施落实素质教育，大学生素质得到了全面提升。但是，相比西方教育大国，我国素质教育在教育领域仍处于薄弱环节，素质教育出现什么问题导致在其贯彻落实的过程中举步维艰？该采取什么措施促使素质教育突破瓶颈，推进大学生素质教育全面实施，实现我国高等教育内涵式发展是本节主要的探讨点。

一、大学生素质教育面临的困境

作为教育的核心，全面实施并推进素质教育是中国特色社会主义事业发展的重中之重与必然趋势，习近平总书记在党的十九大报告中也多次提到要真正落实立德树人的根本任务，发展素质教育。在我国，素质教育推行时间较长，但是总体而言，素质教育的实施并没有完全达到预期的目标，高素质人才薄弱。探寻现状，主要是我国大学生素质教育面临着制度困境、管理困境以及实践困境。

（一）制度困境：素质教育理论体系与教育教学评价制度有待完善

“制度好可以使坏人无法肆意妄为，制度不好可以使好人无法充分做好事，甚至会走向反面。”在贯彻落实大学生素质教育的过程中，良好的制度环境对其发展有巨大的促进作用。自我国颁布以及实施《决定》以来，素质教育一直受到学术界及教育领域的关注，是教育中的热点话题，为此，教育部门成立专门性的素质教育委员会等部门，在党中央和国务院颁布的关于素质教育文件精神引领下，要求高校全面实施素质教育；高校领导人牢牢坚持以本为本，大力宣传在高校对本科生实施素质教育，从文化素质教育着手，并与传统教育相融合，同时借助“核心素养”教育、倡导全面发展教育，推进素质教育发展。然而，二十多年的探索与实践，我国素质教育成效不佳，并且问题越来越严峻。寻其缘由，主要是因为素质教育的实施与发展缺乏一个适宜的制度环境，而使素质教育陷入制度困境。

1. 素质教育理论制度体系模糊且存在不足

科学的教育理论是教育改革的基础，同时指导教育改革高效、全面地进行，缺乏科学的理论支撑的教育改革会造成教育改革的盲目性和滞后性。当前，我国高校素质教育呈现“素质教育轰轰烈烈，应试教育扎扎实实”的场面，从侧面反映出教育改革倡导者和实施者在推行素质教育过程中并没有从根本上把握素质教育本质内涵，缺乏理论指导，盲目、敷衍了事地“响应”推进素质教育的教育理念。一方面，不同时代及不同社会与制度环境赋予人不同的素质要求，由此素质教育的内涵与外延随着时代的变化而变化。尽管学术界对于素质教育的原则、目标、实质研究逐步深入，但是如今学术界包括管理者对于素质教育的概念内涵等相关理论并没有给出一个明确的界定，并没有形成一个较为完善的理论体系。另一方面，虽然学术界与教育部相关部门对于素质教育理论制度体系的建构进行了长时间探讨，但是，从目前素质教育的实施情况可以看出，理论与实践存在偏差，理论并不能实时准确地指导实践，切实运用于实践。

2. 高校教育培养制度制约素质教育实施

高校以科学研究、人才培养、社会服务及文化传承与创新为发展理念，以育人为根本目标，除了传授专业知识和相关技能，更应该着重提升每一位大学生的综合素质能力，适应社会的发展。然而，高校教育培养制度严重制约着大学生素质教育的实施，素质教育在高校落实过程中呈现一种“高要求，低投入”态势。受到高校传统办学体系的影响，高校对于素质教育的实施仅仅局限于开设一些思想政治教育、体育课等选修课，结合一些社团活动、社会实践等单一的形式培养学生综合素质，成效欠佳。同时，高校并没有将素质教育归入大学生人才培养方案，教育教学制度中缺乏对素质教育实施要求、原则等进行规约，以致高校素质教育的实行流于形式，逐步变为大学生的个性化教育、特长化教育，呈现一种自由发展的趋势。

3. 评价考核制度与素质教育存在偏差

教育评价与考核机制是我国高校教育质量的重要衡量标准之一。素质教育不仅要求学生掌握专业知识，而且倡导大学生对于个人能力的培养以及学会做人、学会沟通等能力的重视，是对应试教育的纠正与发展。然而，从现有高校评价与考核制度来看，评价指标与素质教育存在着偏差。一方面，对于教师的评价主要集中在教学能力、科研能力、论文数量等，忽略对教师自身综合素养的考核，忽略教师对素质教育投入成效评价，使教师形成了“重知识，轻素质”的错误教学观念；另一方面，对于学生的评价指标虽然涵盖综合素质测评，但是在奖助学金评定中所占比例甚少，大部分仍停留在对大学生四六级证书、计算机证书以及学业成绩的考查，完全扭曲了对大学生德、智、体、美、劳等素质教育综合评价。现有的评价考核制度与素质教育目标考核不配套，间接地影响了素质教育的实施力度。

（二）管理困境：权利的失衡性阻碍高校整体效能协调发展

素质教育管理是素质教育实施的调控中枢，是促进和保障素质教育目标顺利实现的组织核心。它强调将素质教育的管理者、实施者、主体等对象进行合理安排，通过规范、协调以及引导使教育者与受教育者潜能得到最大化的开发，从而在一个二者更佳的层面上更好地促进高校整体效能协调发展，实现素质教育目标。对于素质教育的管理，要以科学的管理思想和方法为先导，管理者要具备凝聚意识、优化意识、激励意识以及用人意识，把握素质教育实施的重大方向与关键质量。然而，原有的管理制度与管理文化降低素质教育的实施标准，减慢了素质教育的实施效度，拉低了高校整体效能协调发展。

1. 自上而下行政色彩严重，缺乏对素质教育成效的监督

政府和相关行政部门是我国高等教育发展的决策者，素质教育的实施，是政府部门自上而下所提出的对我国高等教育现存的一些弊端进行纠正的教育新模式。然而，在上级管理者统一倡导实施素质教育，却缺乏对素质教育实施情况进行引导与监督，使得素质教育在一定程度上流变为某种口号主义，逐渐偏离素质教育的基本方向，高校素质教育实施力度与成效大幅度降低。同时，自上而下教育改革，上级部门并没有真正地深入高校管理者、教师、学生以及家长基层教育生活，在没有切实把握素质教育实施的实际社会环境与条件下，盲目地推行素质教育，必然会造成高校应付心理。另外，在推进素质教育过程中，高校领导人积极宣传教师要培养学生综合素质，培养健全人格，但是，素质教育实施质量在政府对高校的考核中占很少的比重，财政拨款主要集中在科研产量较高的院校，这一指向标影响着高校实施素质教育的力度与深度。

2. 学校管理刚性化，误导素质教育实施

作为人才培养的高等院校，校长和管理人员具有绝对的领导权，大学行政管理与教学管理存在着严重的失衡现象。科层制的教育制度，使管理人员在教学中高高在上，忽视了对于学生的反馈与学习成果的测量，管理者、教师、学生之间信息不对称，缺乏对实际教学情形的把握与准确引导，校长追求高校声誉与价值的最大化，教育功利性占主导地位。刚性化的学校管理，缺少对素质教育本质的准确把握，以专业为单位，制订统一的人才培养方案，忽视学生自身特点与个性发展。另外，行政管理人员对于教学的过度控制，抑制了教师与学生的创新性，完全摒弃素质教育主要实施者与主体的主观意志，严重偏离了素质教育发展轨迹。

3. 教师人事制度单一化，职业精神涣散

作为素质教育的主要实施者，教师的言行举止对大学生素质教育的培养有潜移默化的影响。目前，高校教师人事制度呈现单一化，“铁饭碗”思想造成一些教师出现职业倦怠等不良状态。作为理性人的教师，利用尽可能少的时间和精力去获得工资、奖金等较高的

利益，并没有及时更新教学理念，把握教学前沿动态，进行自我诊断与自我提升，缺乏对每一个学生身心变化的关注，忽视了对学生专业知识与素质教育质量的严格把控；而一些专门规范学生日常行为从事学生素质教育的辅导员、班主任以及思政工作者，平时或忙于行政性工作，或自我放松，缺乏对大学生的全面关注，忽视了与授课教师沟通学生日常行为表现的重要性，存在着信息不对称的潜在危机。当出现问题时才意识到问题的严重性，并没有养成对素质教育的总结研究习惯，因此在实际工作中也只能就事论事，缺乏未雨绸缪的意识与观念。

（三）实践困境：课堂与教师质量低下致使素质教育实施质量虚假化

学校管理者、教师以及学生家长是高校实施教育的主体，然而，由于受到我国传统教育思想以及新时代市场的导向，形成教育功利主义的价值取向。一些家长鼓励自己的孩子进入高校，接受高等教育，并不是出于培养孩子身心健康以及完善人格，而是希望通过学历为孩子谋求一份稳定且收入高的工作。另外，一些校领导倡导彻底摒弃应试教育，大力发展素质教育。其实，对于教育的改革并不是对现存教育模式的全盘否定，素质教育是对应试教育存在的弊端进行纠正与完善，是教育发展的理想模式。现有的错误的教育理念使素质教育实施出现片面化、扭曲化。

1. 大学课堂与素质教育脱离，模式单一

课程是高校教育教学的重要媒介，是实施大学生素质教育的主阵地。由于高校对于专业课程的课时量要求较高，直接限制了素质教育相关课程的实施，缩短其课时量的安排，而且所设置的素质教育课程采取大班授课制与期末开卷考试，大学的课堂主要以学生专业知识为主，完全与素质教育脱离。另外，不同类别、不同层次、不同办学理念的高校，对于不同特点的学生所实施的素质培养在目标、方式上却如出一辙，由此，我国高校在素质教育实施过程中呈现“千校一面、千人一面”的格局。对于这种单一的模式化教学与课程体系，高校领导并没有真正地认识到素质教育所倡导的个性发展与培养学生自我发展的意识与观念。

2. 教师素质教育缺乏，素质教育课堂低效化

教师素质的高低影响着全面推进素质教育的步伐与质量，教师自身的综合能力在推动素质教育发展中占重要地位。就目前情况来讲，高校一方面在对教师选拔招聘中，因为一些客观原因着重注意教师的学历与技能，忽视了教师素质教育的考查；另一方面，在实施素质教育的过程中，一味地强调教师通过授课形式培养学生的素质教育，却忽视了对传授者素质教育门槛的提升，一些高能力、低素质的教师严重影响学生素质教育的培养。在专业知识与素质教育课堂上，教师在授课过程中并没有将布鲁姆的课程三维目标全面实施，而是着重就考试内容进行反复强调与讲解，使高校素质教育课堂形式化、低效化。

二、大学生素质教育制度创新与重构

素质教育以提高受教育者的整体素质为目的，主要构建一个协调的多元化、全面化的教育，是应试教育的调整与完善。作为素质教育推行过程中的重要内生性资源，教育制度为素质教育各要素效能最优化提供了制度保障。为增强素质教育实施的有效性，一方面要加强素质教育制度体系建设与创新，另一方面要改变传统的教育观念，树立科学的素质教育观念，从而促使素质教育真正做到促进大学生全面发展。

（一）大力推进素质教育制度体系建设，完善教育评价体系

教育体制改革是一个艰难而又漫长的历程。在高校教育体制改革的过程中，只针对教育观念的转变与落实是远远不够的，也要加强对制度的改革与完善，制度改革不仅是对现有教育体制的改革，而且也要完善自身的制度体系。面对素质教育概念多样化、理论真空化等情况，学术界以及相关教育部门应切实提炼素质教育内涵，明确指出素质教育相关理论，大力完善素质教育理论体系以及制度建设，为高校实施素质教育提供具体化、操作性强的行为方向与理论指导。政府要更新以往陈旧的以就业率、科研率等要素为考核教育部门和学校工作的重要指标，将素质教育纳入高校评价机制，有选择性地对一些素质教育实施情况较好的高校与教师进行奖励，对于违背者进行惩罚，形成良好的制度环境。同时，相关部门应对一些新闻媒体对高校素质教育的负面炒作进行严厉打击与整改，以法律形式保障素质教育全面落实，减少素质教育实施过程中的层层阻力，加强对素质教育的督导力度，保证素质教育在高校高质量进行。

政府要深入高校，把握真实的高校办学情况与风格，将自上而下的绝对领导权与自下而上的教育需求相结合，对高校进行准确定位，增强高校“自我造血能力”意识，倡导高校根据自身办校理念与校园特色，多形式、有特色地组织素质教育实施。同时，素质教育政策制定者要通过广播、文件等大力宣传素质教育，使素质教育理论和理念深入人心，转变家长以及大学生对素质教育的偏见，积极主动地接受素质教育，为未来打下良好的基础。

（二）树立正确的素质教育观念，创新高校素质教育课程体系

理念是先知，也是行动的先导，先进的教育理念为教育教学实践的顺利实施提供了重要的指导与保障。在现有的大学教育中，虽然时刻提倡大力落实素质教育，但是在实际教学中并没有给予更多的关注与重视。一些高校对于素质教育实施采取观望或者流于形式，并没有真正地领会到素质教育对于学生以及高校的价值所在。市场急需高素质人才，对创新意识和素质教育的重视，迫使高校逐渐转变以往对素质教育轻视的错误理念，给予其更多的支持。所以，高校要有危机意识与现代教育理念意识，将素质教育归入大学生人才培养方案中，制定相关的素质教育规章制度，明确教师的责任与权利。将“校长治校”与“教授治学”两者紧密结合，严把教师准入机制与培训机制，以素质教育的要求为基准，对高校人事制度进行适当的改革，转变单一的教师评估制度，将师德师风作为高校教师素质评

价的首要圭表，督促教师以德立身、以德立学、以德施教，全面落实素质教育激励机制。同时，高校要主动加强与地方政府、企业紧密协作，拓展素质教育实施共享平台，充分通过合作交流来获取素质教育资源，为大学生素质教育的全面推进提供宽广的实践平台，在实践中感悟素质教育的本质内涵，进行自我教育，最终实现知行有机统一。

在课程体系上，创新素质教育模式。传统的素质教育大都是设置一门心理健康课、思想政治课等，不求质量进行授课。素质教育是一种浸润式系统性教育，应改善以往单一的课程设置，采用多学科渗透式模式与跨学科单一模式相结合，构建多层次、一体化的课程教学体系，促进素质教育发展，即高校不仅从各个学科中选取大学生素质教育培养的材料单独成课教授，而且要将素质教育的培养渗透到每一门学科中去，同时与实践活动相结合，使知识内化。丰富素质教育授课形式，除了单一的课堂教学外，教师可以开发素质教育网络平台，充分利用慕课等网络资源，对素质教育的每一个模块进行资源开发，传播积极向上的国内外优秀伟人事迹、科技创新成果、市场人才需求等，以“全方位、多形式”的育人模式激励大学生向善、向上发展。

（三）培养高素质教师队伍，关注学生动态与方向

在大学生接受高等教育期间，对与学生相处时间最长的教师而言，其行为举止势必会对学生的成长成才带来一定的影响。因此，建设高素质、高质量的师资队伍为大学生素质教育的提升提供了无形的人力资本保障。在专业知识上，教师要具备先进的学术前沿知识，通过学习、交流、培训，不断丰富、更新知识储备，做好基础工作，同时，尝试对原知识进行创新，提升自我创新能力与内在素养。在外在形象上，教师要塑造良好的形象。根据自身气质、年龄等要素，穿着打扮要得体，给学生树立一个积极向上、健康的价值观念与榜样形象，勇于扮演好大学生健康成长道路上的指导者与引路人角色。

在素质教育课程授课中，要注重课程内容衔接与更新。教师在课程引进时可以尝试与中小学素质教育内容进行衔接，同时，也要与大学生未来生活环境、就业情形、市场要求等相配套，更新课程内容，将素质教育课堂转变为碰撞思想、启发智慧的互动场域，从而提高大学生的社会责任感、创新精神以及实践能力，帮助大学生做好应对未来挑战的准备。在授课方式上，注重与学生及时进行互动交流，培养良好的师生关系。按照主体间性理论观点，主体间可以利用移情手段进行有效交流，以间接地替对方着想促使主体之间相互认识，从而形成“我们的综合体”。主体间互动与交流越频繁，整个教学质量就越高。以大学生个体化差异发展为目标的素质教育，强调教师要充分把握与关注每一位大学生的身心健康。它不同于传统的专业技能性知识传授模式，更加注重教师与学生之间的交流与互动，掌握学生的动态与方向，因此，在教学过程中，树立大学生积极主动参与课堂的意识，以学生为主体，鼓励学生随时表达自己的真实感受，掌握学生的思想动态，从而引导大学生进行自我准确定位，有针对性地充实自我、完善自我，提升自学能力与独立思考能力。并且，教师要具备良好的职业精神与伦理，加强与辅导员、班主任、思想政治工作者以及家

长进行信息交流，互通有无，关注每一个孩子的全面发展，尽可能减少大学生在心理、人格上的扭曲与变形。

综上所述，素质教育是一项系统工程，是一种养成教育，它不仅是知识的传授，更是知识的内化。面对市场的多元化以及对高素质人才的要求，加快推进素质教育是时代所需，须将素质教育放在教育体系的首要地位，从而使高等教育真正实现回归常识、回归本分。

第七节 高校教育管理制度人性化管窥

我国正处于一个飞速发展的时代，社会经济和科学文化都取得了很大的进步，生活在这个时代的大学生个性也愈加张扬、更加注重自我意识的发展。传统“管、卡、压”的强制性、灌输式的高校教育管理模式早已不再适合如今的发展形势需求。我国的高等教育亟须新的教育理念，需要改善以往的教育品质、提升传统的教育境界，这就需要在高校教育管理制度中引入人性化的教育方式，这种教育方式不仅注重对学生的基础培养，还强调了大学生个性的发展。本节简要分析在高效管理制度中引入人性化教育方式的必要性，并针对如何建立这种教育模式提出针对性的对策。

我国全球化和科技化的脚步正在飞速向前迈进，推进了教育在世界范围内的合作与交流，高等教育也日益往国际化的趋势发展，在这样的大环境下，中国想要发展壮大自身的高等教育实力，就必须尽快对高校教育管理制度进行合理的改革创新，形成适合自身发展的办学特色，不断提升办学质量。在高校教育管理制度中引入人性化的教育模式成了时代发展的必然，这种教育模式在理性化与制度化的基础上，强调了大学生个性发展的重要性，重视对大学生潜能的挖掘，为学生创造了一个宽松和谐的学习生活氛围，并充分调动了全校师生的创造性与积极性。

一、高校教育管理制度人性化内涵

人性化教育是近年来新引入的现代教育理念，它主要强调将人类的本性考虑到教学要素及教育过程中去。教育人性化以对学生进行人性化的教育为目标，从根本上坚持“以人为本”的教育理念，尊重人的发展规律，致力为“使人成其为人”的教育方针，其综合了一个人生理范畴与精神范畴的统一。教育是一项以人为实践对象的特殊活动，是将培养人作为自身的目的的社会活动。每一个时代的教育根本都是将该时代对人性的假设作为逻辑探讨的前提，因此，不难看出教育观决定于人性观。

将人性化的教育模式引入高校教育管理制度中，就是以对人性的认识作为教育的前提，尽最大可能地在每个方面的教育管理中激发大学生自身的潜能，将教育过程作为发展与激发大学生潜能的过程，促使大学生不断突破自身的智力与非智力极限，培养大学生成为热爱生活、丰富自身的人。人性化和教育制度是密不可分、相辅相成的两部分，大学生人性中合理的部分被教育制度所规范，并将制度作为学生的行为准则督促其注意自身的言行。相应的，人性化的教育理念为完善教育制度提供了改革依据。人们越来越重视人性的发展，这一变化推进了高校教育管理制度的改革，更有利于发展人性的制度也应运而生，这种制度又反过来推动人性化教育模式的展开。这种互相推动、相互关联的螺旋发展模式促使了中国高等教育的不断进步。

二、高校教育管理制度人性化的必要性

我国高校的教育管理以综合考虑一个人的情绪、体力、伦理、智力为基础，努力将其培养成为一个全面发展的人为教育目标，而在实际教育过程中，我国现有的高校教育管理制度已经偏离了这一目标。“严进宽出”的教育政策在我国高等教育中屡见不鲜，课程设置过于僵化死板，没有综合考虑学生的个人因素，以致大学生在固定的课程中自身人格被不断消解，逐渐演化成适应集体生活、学习的集体型人格。使大学生亟须得到发展的个性化需求远远得不到满足，忽视了不同大学生的自身需求，没有很好地尊重每一位大学生的个性化发展。这种教育制度和“以人为本”的教育大方针相去甚远，使大学生成了被安放在学校这个死板僵化的庞大“育人”机器中的零件，缺失了大学生应有的活力与激情。这一现象凸显出了我国高校教育管理制度的短缺之处，意味着我国高校教育管理方向已经远远偏离了“以人文本”的教育本质。因此，改革我国高校教育管理制度迫在眉睫，应努力将人性化的教育模式引入高校教育管理制度中，使其得到应有的发展与应用。

将人性化的教育模式引入高校教育管理制度中，良好地反映出了高等教育的本质规律。人性化的理念可以很好地推动大学生的全面发展。大学生发展的最高目标就是自身的全面发展，一个国家大学生自身发展的程度可以作为衡量所有工作意义和社会进步的最高标尺。高校教育管理制度人性化不仅致力于对我国传统文化知识的传承与发展、培养满足社会发展的精英，还注重教会大学生为人处事的准则、成为一个健全合格的人。它将尊重大学生个人发展的意愿作为基本出发点，以学生的实际情况为基础，努力为大学生营造适合的发展空间、教学空间以及生活空间，激发学生学习的积极主动性，充分调动他们对学习的热情，使学生的发展更加充分、自主。

三、建立高校教育管理制度人性化的对策

我国高校目前在教学管理的制度上依旧存在缺失人性化的问题，由于这种人性缺失是制度变化引起的，所以人性缺失的因素也随之复杂多变。这种变化不仅受外部层面的宏观因素制约，还受微观层面教育自身的矛盾所制约。针对外部层面的宏观因素而言，其主要受到传统封建政策、现在社会的政治制度、传统的管理观念以及科学技术发展等因素的影响；就内部层面的微观因素而言，其主要受传统思想教育、教育者的强权意志等因素的影

响。为了将人性化的教育模式更好地融入高校教育管理制度中，以下从目前存在的微观层面与宏观层面的问题入手，提出建立高校教育管理制度人性化的相应对策。

（一）建立适合高校教育管理制度人性化的政策

建立适合高校教育管理制度人性化的政策不仅要以自主办学为政策基础、以人文关怀为政策导向，还要以和谐发展作为制定政策的目标。

（二）建立适合高校教育管理制度人性化的保障机制

政治制度不仅能左右高校教育的体制，还能左右高校的办学方向、教育内容，以及高校培养人才的模式。学校不仅承担着教书育人的责任，还被赋予了传承文化的功能。随着新中国建立起新的政治制度与经济制度框架，中央政府的权威与效能也得到了前所未有的发展，充分发挥了维护社会稳定、捍卫国家主权、实现教育现代化建设的作用。因此，在这个大背景下塑造出了以高度集中的中央集权体制的教育制度核心。这就需要教育管理者建立适合高校教育管理制度人性化的保障机制，在相关部门的监督引导下，切实将人性化的教育模式引入到高等院校的教学理念中去，使其得到充分的应用与发展。

（三）使高校教育管理制度更加独立自主

通过制定与人性化相关的高校教育管理制度，以此来正确引导与规范政府与高校之间的关系，做到真正的政校分离、管办分开。一方面，需要政府转变自身职能，树立起为高校服务的意识，从原有的直接对高校进行行政管理转化为信息服务、政策引导的行政管理手段。另一方面，应使各大高校在法律的约束下，明确自身的权利与义务，促使高校成为真正面向社会自主办学的实体。

近年来，我国在高校教育管理制度人性化方面取得了很大的进步，高校教育管理制度对于中国高等学校的管理者而言，已经成了一项非常重要的教育资源。当今社会处在不断发展变化的大环境下，推动了高等教育在各个方面的发展与进步，高等教育机构的规模与数量也都有了飞速增长。然而，这种复杂的变化也影响着高等院校的教育品质、培养目标以及教育价值。面对这种变化，高等院校在确定自身使命时必须进行新的思考。因此，大学急需建立起人性化的教育管理制度，做到真正的学生自治、教授治校、学术自由、通才教育。只有这样，大学才能真正成为文化传承、技术创新和探索真理的不竭源泉。

第五章　新媒体环境下高校教学管理

第一节　新媒体对高校教育教学管理带来的冲击

在高校教育教学管理过程中，教师通过新媒体的使用来不断发展新媒体教学管理内容，通过新媒体的服务属性来提升高校教育的教学引导属性，现就新媒体对高校教育教学管理带来的冲击及对策研究进行简单的分析。

随着我国新课程教学改革的深入、新媒体的不断普及，越来越多的高校教育开始重视新课程教学改革的理念和发展思路。高校教育管理工作中对新课程教学改革的研究也在不断深入。在这样的教学发展环境和背景下，新媒体的发展速度和实践检验成果就有了一定的成绩，新媒体的教学管理形式以及其教学模式固有的优点都在一定程度上有有利于其传播，这也就变相增强了高校教学管理发展的效率。

一、新媒体教学模式固有优势分析

新媒体的发展和应用对高校教育教学而言是一个全新的机遇。作为信息化时代下的产物，新媒体凭借开放性、即时性和互动性等特征迅速实现了普及，在极大地提升信息传播效率的同时也丰富了信息资源的内容，并提升了质量，使得各行各业的人都能从新媒体中获取对自己有价值的信息。在高校教育教学管理工作中，新媒体为其提供了海量的数据资料，同时也拓宽了教育教学管理的渠道，使之更加人性化和多样化。新媒体主要以平台的形式出现，这是一种由光、电、声音相互结合而产生的适合不同时间空间的人们相互交流的虚拟场所，尤其适用于高校灵活多变的教育风格。新媒体通过创造出一种大学生乐于接受的教育氛围和情境，成功地在教师和学生之间架起了相互信任的桥梁，符合大学校园自由平等的理念，也便于教育管理者进行价值观输出和思想熏陶。正是因为以上种种原因，新媒体教学模式才得以在高校中生根落地，且目前已经发展到了新的阶段。

从新媒体教学模式在我国目前高校教学中的应用和发展来看，其固有特点和优势在于通过新媒体本身可以建立良好的公众平等交流平台。在这个平台上，学生与教师、教师与教师以及学生与学生之间都可以进行良好有效的交互式沟通，不仅可以表达自己对不同事物和不同教学内容的理解，还能接收不同的教学信息和别人的认知理解。在这个开放的半社交平台上，新媒体教学模式由于其固有的开放性很难实现信息的批量处理，这也就在一定程度上放宽了平台信息的来源和检验能力，就我国目前的新媒体教学模式发展实践来看，其中不正常的伪教学信息和诱导性虚假信息也时常会出现，从这些情况中可以发现，这样的平台管理还是不够完善的。

在其优劣同处于一个条件下可以发现新媒体教学模式的其他优势，如信息流通的速度要远远优于传统的教学模式，而且通过新媒体教学模式进行的信息传播往往可以实现新闻的时效性，可以从根本上提高高效教学管理的基础价值。相较于传统的教学模式来说，新媒体教学模式的多元化内容是非常有价值的，越来越多的新媒体平台开始出现在高效校园中，这样不仅变相增强了学生学习资源的丰富程度，还在一定情况下实现了平台之间的优胜劣汰，让高效教学管理从根本上进行完善和改革。

二、新媒体给高校教育教学管理带来的冲击

在我国当前的新媒体平台中，比较突出的有微信、微博等，高校学生从自身的使用情况中就可以看出这两个新媒体平台的普及程度。学生之间每天都会通过新媒体进行互动和信息交流，不断在平台中树立自己的形象，与他人沟通增加影响力。这些新媒体平台所蕴含的信息交流价值是巨大的。

在教学内容管理上，新媒体教学模式更是从根本上改变了传统教学模式的弊端，让教师在高校阶段的教学课堂中不再局限于传统的教学思路，在平台化的教学模式和教学发展中，教师有了更加多元化的教学手段和教学思路。从教师本身来说，新媒体教学模式不仅可以帮助自身完善教学素养，提升自己的教学水平，还能在最大限度上帮助教师实现与学校教学教育发展的关联性。教师在不断实践探索的过程中挖掘自身的教学问题，通过新媒体教学模式帮助整个科目教学建立良好的教学体系，而且新媒体教学模式的公开性质使教师不会因为传播途径受到负面影响，对于教师自身的教学水平和教学规划也产生了一定的推动力。

新媒体教学模式本身具有的平台价值对于高校教学建设发展来说具有非常大的冲击，除了上文所提到的部分优势和发展方向外，新媒体教学模式还在一定程度上为高校教学建设管理带来了负面影响，新媒体教学模式简单来说就是平台化教学的推广，在高校教师实践高校教育教学的过程中，平台的推广会伴随一些教学之外的内容进入学生视野中，这些信息对于学生的影响不能保证都是正面的，学生接触到的不利因素越多，对学生的影响就越大，如近几年影响特别恶劣的校园贷款等。

在师生关系上，由于新媒体技术能够扩大学生与外部世界的广泛联系，学生可以利用网络等各种现代通信技术与其他学生、老师甚至学科专家交流。如此一来，师生之间关系日趋平等，传统教师所固有的权威感逐渐丧失，只要教师授课稍不注意就可能受到学生的抵制或抛弃。

作为高校教育管理的重要组成部分，大学生的思想道德教育这部分的工作内容主要体现在树立大学生的社会主义信念和价值观上。目前我国高等教育思想道德教育的要求是让社会主义核心价值体系成为青年思想行动的根本价值取向和行为准则。但在新媒体时代，网络社会输出的不仅有各种信息，还有各种思想、观点和价值观念。显然，新媒体时代的一大特征是信息传播的极度自由化。由于其极度自由化的特点，如果社会管理者无法对其进行有效的监控，就会导致诸如宣传暴力、迷信、赌博和色情信息的大肆传播；更有甚者，极端宗教主义、分裂分子也可以肆无忌惮地大行其道。

在生活习惯上，新媒体改变了现实大学生活中的许多模式、程序与规则。以网络为代表的新媒体的虚拟性是一把双刃剑，可以带给大家一个自由、平等的环境，但缺乏真实情景中的情感流露和人格感染，会对人际交往产生较大的影响。而且新媒体教学模式的开放性使得很多不良企业和不良商家发觉其中的商机，在煽动学生消费的同时还要利用学生周围的社交关系，引导学生产生变相的心理偏激。很多高校学生在学习过程中喜欢用新媒体来宣泄自身的不满情绪，这些言论如果不能及时地把控和更正，就会对整个高校建设产生巨大的不利影响，带来严重的教育教学发展后果。

三、高校教育教学管理应对新媒体冲击的对策

（一）重新审视新媒体教学模式的应用现状

在新媒体教学模式的实践发展过程中，高校教育教学应该伴随新媒体的渗透而不断前进，在日常的教学环境和教育建设中搭建更多有效的、多元化的教学新媒体，通过这些新媒体来增强学生对学校建设的关注程度，提高学生对学校教育建设安排的认知程度。高校在自己建设新媒体平台的过程中不仅可以提升学生的学习兴趣，还能从根本上改善上文所提及的新媒体利用中的弱点。

高校建设的新媒体教学平台从本质上来说，首先是具有新媒体教学平台的优点，传播速度快、信息包含广、平台公平公开性良好等。学生与教师在这样的新媒体平台中所能展现的自身价值就更加明显。学生可以在高校学习的过程中将自己对学习的理解和习惯的养成发布到新媒体中帮助其他同学，教师可以在新媒体平台中展现自己多元化的教学方案和教学内容来帮助学生和其他教师。这样不仅可以有效地实现教育管理工作的全面提升，还能让新媒体从根本上实现教育教学的基础利用价值。

就我国当前的新媒体教学建设来看，还有很多不足之处需要广大教师和工作人员进行改善。首先需要提及的就是新媒体教学平台构建过程中平台的特性不足，微信微博等新媒体所能利用的价值是非常简单明显的，而教育教学在发展新媒体技术的过程中所需要考虑的不仅仅是社交环节，更需要关注教育教学内容的深入落实。这样就使得高校建设的新媒体平台不能很好地满足学生的兴趣需求。

教师在利用新媒体教学平台的过程中往往很难实现其他平台固有的特殊属性价值，学

生在高校新媒体教学平台中的使用频率和使用黏性很低，而且其他新媒体平台的舆论引导和多元化信息对学生诱导能力是非常强的，就当前的高校新媒体建设来看，还需要不断在新媒体平台建设中树立良好的价值观，让学生可以正确解决不同的学习问题和生活问题。与此同时，教师应尊重学生的学习主体地位和个性发展，实现教育观念的转变。这是因为新媒体环境下的现代人才标准已经逐渐体现为对学生素质的综合性、全面性的推崇，并延伸为注重学生的创新精神、实践能力与协作能力，注重学生的心理素质和竞争品质。将以人为本的观念贯彻在高校教育管理的日常工作中就是在高校内进行人性化管理，最主要的是要让教育管理融入学生生活的每一个方面。这就要求学校的管理层要关心学生的内在需求，通过合适的引导与教育来提升这些需求，将这些需求引向一个更高的层次。

在新媒体环境下，高校也应对传统教育管理的内容有所扬弃。在新媒体盛行的今天，我国大学生的教育管理内容不应单单局限于传统意义上的教育内容，我们必须拓展教育管理内容的广度，赋予大学生教育管理更多、更丰富的内涵，将时代发展和大学生的全面发展诉求与大学生的教育管理相结合，建立针对性和实效性强的开放创新的大学生教育管理内容体系。为此，笔者认为一定要从优化大学生教育管理的内容结构入手，全面提升当今教育管理内容的时代适应性，在提高教育管理者对新媒体时代和新媒体技术认识的基础上，还要加强虚拟环境中的精神文明建设，引导大学生认识网络世界的本质，网络其实存在很多虚拟性和不真实性，培养他们在翱翔于多彩斑斓的网络世界时自觉控制好自己的言行，避免沉迷于虚拟的网络世界而无法自拔的情况发生。

保留和继承传统教育管理中有积极意义的东西，并把它发展到新的阶段也是我们开展变革非常重要的任务。对此，我们应该把握住传统教育管理中教师形象的实质，即便是在新媒体环境下，教师仍然要坚持自己作为一名道德模范的职责，作为教育主体，是德育教育过程的组织者，应起主导作用。教师的一言一行直接影响着学生，是学生模仿的对象。教师自身的表率，教师的思想行为、作风品德、工作态度等无时不在感染、熏陶和影响学生，这是一种生动、直观、极具说服力和感染力的教育手段。

事实上，高校阶段的教育教学建设不仅需要广大教师共同努力通过实践来实现，还需要学生在使用过程中不断地尝试和提供意见，让新媒体教学模式在高校教学管理中真正实现新媒体平台的价值，可以为学校的活动推广进行宣传，可以成为学校特殊事件的引导平台，可以有效地实现学校的公益活动，可以帮助学生实现综合素质的培养和学习习惯的养成，同时还可以有效增加新媒体教学平台的社会属性。

（二）制定具体措施以发挥新媒体的价值

首先，高校应积极转变教育观念，尊重学生的学习主体地位和个性发展需求。新媒体的发展使得当今社会的人才衡量标准发生变化，越来越倾向于从综合与全面的角度考察学生的素质，并逐渐延伸至对学生实践能力、协作能力、创新精神以及心理素质和竞争能力等的考察方面。在这样的背景下，高校教育教学管理必须整体上升到一个全新的层次，根据社会需求培养优质的人才，只有这样才能最大限度地利用好新媒体技术和平台。

其次，高校应及时完善教育教学管理评价体系，提高教育管理者的素养。新媒体对高校的冲击迫使高校要重建大学生教育管理评价体系，且要遵循“以人为本”的理念将原来简单、粗糙的评价指标进行合理细化，从而对新媒体时代下大学生的教育教学管理工作起到规范作用。想要构建满意的评价体系，就必须要求高校教育教学管理者相应地提高自身的新媒体素养。准确地说，高校教育管理者应从基本理论入手，在掌握基本理论的前提下不断学习新媒体技术以达到随心所欲的应用，这样才有可能在实际工作中发挥新媒体的价值。

再次，高校应努力拓展教育教学管理的新阵地。新媒体时代下高校教育教学管理平台必须与时俱进，换句话说就是要开辟出利于大学生成长的“第二课堂”。对于学生而言，开拓“第二课堂”有利于其形成独立的人格，促进其综合素质的提升。而“第二课堂”本身又便于提供丰富多彩的课外活动，这些活动的开展可以反过来帮助教育管理者及时掌握学生的思想行为动态。长此以往，教育管理双方可以在深层接触的过程中增加彼此的感受和认同，不论对大学生的成长还是教育管理者的工作都具有积极意义。

最后，高校必须对传统教育教学管理的内容有所扬弃。在高校全面实施新媒体教学模式的同时，在教育教学管理的内容上也应该进行合理取舍。传统意义上的教育教学管理内容不论深度、广度还是指向性都较为不足，亟须注入更丰富的内涵，建立更加具有针对性、时效性和开放创新的大学生教育教学管理内容体系。具体而言，高校可以从优化大学生教育教学管理内容结构入手，从整体上提升内容的时代适应性，进一步加强虚拟环境中的精神文明建设，引导大学生认识新媒体的利弊，避免其沉迷在网络世界中丧失思考能力和现实沟通交流能力。此外，高校也应对传统教育教学管理中的有价值内容进行保留和继承，甚至可以考虑利用新媒体将其发展到新的阶段。当然这一过程离不开广大教师的努力，作为教育教学管理的主导者，教师要坚守自身道德楷模的职责，将新媒体化作一把旗杆，撑起社会主义和时代精神的大旗，带领学生走向光明、美好、健康的未来。

我国的新媒体建设程度在世界上也属于一流，就新媒体平台在高校教育教学的管理发展过程中如何实现其特殊的价值和意义的问题，还在不断探究发展思考的过程中，这个过程需要广大教育工作者共同努力，在不断实践的过程中发现新媒体教学建设的特点，针对传统高校教学管理的弊端在新媒体教学模式中寻求解决方式，让新媒体教学模式真正成为新时代具有特殊教学价值的模式。

第二节　新媒体时代高校教学管理体系改革

教学管理体系是高校的重要体系之一，是提高高校教学质量、教学水平的重要保障。在信息时代到来的今天，高校的信息管理体系应该利用信息技术进行创新，从而能够更好地服务师生，培养学生。本节阐述了现阶段高校信息管理体系存在的问题，并在此基础上对新媒体时代高校教学管理体系改革与创新的措施进行了研究分析。

高校教学管理体系关系着整个高校的稳定运行和健康发展。随着新媒体时代的到来，网络技术也渗透到了人们生活的方方面面，高校教学管理体系也应当顺应趋势，利用新媒体技术进行改革与创新，从而能够更好地提高教学管理水平、提升学校的教学质量、促进学生综合素质的发展。由此可见，探究新媒体时代高校教学管理体系的建设有着很大的现实意义及理论意义。

一、高校教学管理体系面临的困境

（一）高校没有意识到新媒体技术的重要性

在新媒体时代，网络信息技术应用于各行各业，带来了新的生机与活力，社会的各个行业也都在加强信息技术建设。然而，高校却未意识到新媒体技术对教学管理体系的重要性，未利用新媒体技术对教学管理体系进行改革与创新。高校缺乏信息化建设的硬件设施，也未对管理教师进行信息技术的培训，忽视了信息化技术建设的意义。高校教学管理体系仍处于落后的状态这在很大程度上阻碍了高校教学质量的提升，教学管理水平的进步。

（二）高校教学管理观念落后

高校教学管理理念是教学管理体系的基础。然而，现阶段我国高校教学管理理念落后，这也严重阻碍了高校教学管理体系水平的提升。当前，高校的教学管理仍旧过分强调集体精神的重要性，而忽略了学生的个性发展，教学管理水平较低。此外，许多高校的教学理念缺乏创新性，仍旧采用以往的教学管理经验来管理学生，管理效率低下，学生的抵触情绪较强。此外，高校的教学管理缺乏预防机制，只重视问题的事后处理，而忽视了建立相应的预防机制，管理水平低下。

二、新媒体时代高校教学管理体系的改革与创新

（一）以信息化管理理念为导向，改善高校教学管理思想

传统的教学管理体系信息交流缓慢、渠道单一、管理效率低下，阻碍了高校工作的正常开展，教学质量的下降也不利于学生的全面发展。新媒体时代的到来给高校教学管理体系带来了机遇与挑战。高校应当摒弃落后的教学管理思想，改善教学管理理念，以信息化管理理念为导向，认识到高校教学管理体系信息化的重要性，并借助先进的新媒体技术，对高校教学管理体系进行改革与创新。高校可以开展交流座谈会或进行相关培训，让教师了解学习信息化技术的便利性；教师可相互探讨交流，对高校教学管理体系的信息化建设发表看法及建议，并鼓励高校教师参与到教学管理体系信息化建设中来，改善高校教师教学管理思想，为顺利开展高校教学管理体系信息化建设奠定坚实的基础。

（二）强化高校教学管理设施建设，构建信息化的教学管理体系

高校应利用新媒体技术构建信息化的教学管理体系，从而提升教学管理水平，提高教学管理质量。高校应当利用新媒体技术建设信息化的教学管理数据平台，将高校的教学计划、教学大纲、教学教材、师资情况、学生及教师的档案等进行数据整理，方便查询及管理，极大地提高了管理工作效率。此外，高校应当加大对信息化教学管理体系的投入，借鉴其他的成功经验，引进先进的信息化技术，加大对信息化教学管理体系软件的开发及维护，促进高校教学管理体系的改革与创新。最后，要想实现教学管理体系的有序运行，就需要有完善的教学管理制度。因而，高校应当结合信息化的管理体系建立健全教学管理制度，促使教学管理体系向标准化、程序化及规范化发展，提升教学管理质量，促进学生的全面发展，促进高校工作正常有序运行。

（三）全面提升高校教学管理队伍的素质水平

要想实现高校教学管理体系的改革与创新，人才是关键，因此高校应当注重教学管理队伍素质能力的培养。高校应当定期对管理队伍进行培训，提升队伍的信息化专业水平，并将信息化技术的学习及实践引入考核机制，激励管理队伍不断提升与进步。高校也可以在校外聘用专业的信息化技术人才，以丰富的管理经验、超前的创新意识等影响管理队伍，提升高校教学管理队伍的整体素质，促进教学管理体系的不断完善与发展，给学校、教师及学生提供便利，提升教学管理质量与管理水平，为我国高等院校教育改革的可持续发展奠定坚实的基础。

高校的教学管理体系与教学质量、教学水平有着重要的关系。在新媒体时代，高校的教学管理体系也应该顺应趋势，摒弃传统落后的教学管理方式，构建信息化的管理体系。高校应当以信息化管理理念为导向，改善高校教学管理思想；强化高校教学管理设施建设，构建信息化的教学管理体系；全面提升高校教学管理队伍的素质水平，从而促进高校教学管理体系的改革与创新，提升教学管理水平，为高校教育改革的可持续发展提供保障。

第三节　新媒体环境下教学档案管理

随着信息技术和互联网的不断发展，人类已经进入“互联网”时代。随着新媒体广泛应用在教学过程中，教学档案也逐渐趋向数字化、信息化。教学档案是教学中的主要参考资料，也是在以往教学活动中的经验积累，受各种因素制约，在当下的教学档案管理中还存在一些问题。本节结合实际情况，对新媒体环境下教学档案管理的发展和应用进行简要分析。

新媒体环境这一概念的提出是相对于传统媒体环境提出的新型大众传播环境而言的。这种新媒体环境主要以计算机和网络技术为技术支持，以手机和电脑等移动终端设备为传

播载体，具有时空虚拟性、资源共享性以及交往互动性的特点。在这种环境中，教学档案的管理必须要结合数字化、信息化技术的发展，提高档案管理的效率和质量，促进教学档案管理的可持续发展。

一、新媒体教学档案发展优势

（一）丰富档案载体和传播形式

在传统媒体环境中，教学档案管理一般都是以纸质管理为主要载体，以收集内容和登记记录为主要服务方式。这种档案管理方式不仅容易导致档案内容单一，同时限制了档案管理的质量和水平。而在新媒体环境下，通过计算机技术和互联网技术，能够构建一个资源非常丰富、传播方式多样化、传播速度快的信息系统，并且能够全天候、不间断地接受和传播各种最新信息。这样一来，教学档案信息就有了巨大的信息来源，同时还能将档案以文字、图片和影音等方式进行存储，进而丰富教学档案的载体。

同时，在以往的教学档案管理中，文本节件和教学声像文件一般都是分开管理。这种管理模式有一个弊端，它容易制约档案管理的效率以及档案价值的发挥。在新媒体技术环境中，可以将教学档案中的文字信息、声音信息和视频信息进行统一处理，并对教学档案进行精确的归类，实施集中管理。这种管理措施既能确保档案信息的完整性，也能进一步提升教学档案的应用价值。在另一方面讲，这也能促进教学档案无纸化管理的实现。一直以来，纸质化是教学档案的主要形式，随着新媒体技术在教学过程中的广泛应用，可充分利用信息技术对教学档案信息进行处理、存放，以实现教学档案的无纸化管理。

（二）档案管理注入新活力

在新媒体的发展环境中，不仅可以丰富教学档案的内容和服务形式，还能提高全校师生的档案意识，提升档案人员的服务意识，从而为高校档案管理工作注入新的活力。且随着档案使用人数的不断增多，人们对信息的需求也不断增加。这也在另一方面促进了高校档案管理人员主体地位和主体意识的养成，极大程度上调动了档案管理人员工作的积极性和主动性。并且在新媒体的大环境下，网络信息覆盖为档案管理人员的创新提供了条件和动力。且随着信息技术的应用，学校的各个管理部门可以在短时间内进行教学档案的调取、查阅。在传统教学档案管理模式下，管理人员面临的工作量较大，需要花费大量的时间和精力，进行教学档案的收集、归类等，同时在利用教学档案的过程中，也需要花费大量的时间和精力，进行文件查询和检索。而在新媒体的技术下，可充分利用相应的软件功能，进行图像、声音编辑，对传统教学档案信息进行随意分析和组合，并利用计算机设备对信息进行录入或输出，从而使教学档案工作的管理、查询、检索等工作变得比较简单，进一步减轻了档案管理人员的工作量。

（三）拓宽档案空间

在传统媒体环境下，教学档案管理不论是馆藏内容还是服务对象相对都是比较独立的，同时还容易受时空限制，导致教学档案管理效率低下。而在新媒体环境中，档案管理人员可以将馆藏内容输入网站中，从而实现对档案的信息化管理。同时，教学档案管理部门可以创建校友聊天室、信息反馈等栏目，从而实现全校师生共同交流思想、传播信息。这样教学档案管理工作就可有效地打破时间界限，及时掌握外界的动态，并随时跟档案使用利用者进行沟通交流，从而有效提升教学档案管理空间。

在拓宽档案管理空间的同时，加强教学档案的保密性。如果是在人工传统管理模式下，很容易受多种因素的影响，从而导致泄密的情况出现，容易造成严重的损失。而在新媒体环境下，通过电脑信息技术的应用，可将教学档案进行处理，使其成为电脑数据，可最大限度地避免传统信息管理模式下信息泄露的情况，同时提高教学档案信息的管理能力。在传统的人工管理模式下，学校的档案部每年要收集大量的教学信息，虽然不会花费大量的时间和精力，但是对档案信息进行归类整理同样需要耗费一些时间和精力。但是在新媒体环境下，信息处理部门可利用信息技术，随时随地将教学档案传递到教学档案部门。而档案工作人员会根据档案的实际情况，利用数字化软件和程序，对档案资料进行精确的归类和存储。

二、新媒体发展利用措施

应用新技术。针对当前的教学档案数字化管理中，存在数字化程度较低的情况。目前，可采用这几种方法促进发展：一是教学档案虚拟现实技术的应用。在未来教学档案管理中，对档案文件的管理已从最初的真实管理方式逐渐转变为真实与现实并存的管理方式。在这种情况下，可充分利用虚拟显示技术，促使教学档案走向虚拟完全三维化。这种虚拟现实技术的应用可最大限度地减少教学档案管理过程中出现泄露、被盗、被毁的情况。二是多媒体保安监控技术的应用。在这项技术中，报警处理是监控技术的核心，通过报警这一环节，从而产生一系列的连锁反应，进而利用语音提示等环节，将具体的位置进行提示从而促使相关工作人员采取相应的措施，保证教学档案信息的完整性。同时，多媒体教学档案的信息检索系统，是通过多媒体将数字视频、音频。通信等多种先进技术，与计算机技术融合在一起，促进教学档案的数字化发展。同时在数字化教学档案中，检索系统具备了非线性结构信息和多媒体形式信息，从而完善了教学档案的检索系统。

在新媒体环境下，档案管理人员必须明确新媒体的出现对档案管理工作的积极影响和消极影响，在此基础上对档案管理工作采取相应的改进措施，同时借助新媒体技术，不断提高档案管理效率和管理技术水平。

第四节　新媒体时代探究式公共管理案例教学

随着改革实践的深入和现实条件的完备，公共管理案例教学作为成熟模式极地大提升了教学质量，在取得成绩积累经验的同时，瓶颈期存在的诸多不足和出现的若干问题制约了效能发挥和功能提升。依据案例教学的内在特性和项目改革的本真目的，推广探究式成为必然选择，而互联网时代日益普及的新媒体提供了相关有利条件。开展探究式公共管理案例教学必须树立全新原则，发挥多主体的积极性进行教学全过程改造。

在重视培养学生分析问题、解决问题能力的现代教学理念下，如何开展公共管理案例教学，把内涵丰富的公共管理理念与规律、模式与方法高效传输给学生，引导学生走出课堂，在丰富的公共管理实践中掌握理论知识，形成对公共管理实践的认知，形成对公共管理现实的考察与审视，进而提高公共管理学科的培养质量，都是公共管理学科教育研究的重要内容。因此，在公共管理专业中推行案例教学既是当前教学方式的革新和潮流，也契合公共管理的专业性质和人才培养目标的要求。

一、公共管理学科案例教学的基本流程

所谓案例教学法，是指在学生掌握了有关基本知识和分析技术的基础上，在教师的精心策划和指导下，根据教学目的和教学内容的要求，运用典型案例，将学生带入特定事件的模拟现场进行案例分析，通过学生的独立思考或集体协作，进一步提高其识别、分析和解决某一具体问题的能力，同时培养正确的管理理念、工作作风、沟通能力和协作精神的教学方式。

案例分析法非常适合公共管理学科的需要，因为公共管理学科的重点不在抽象的推理，而要以问题和案例为基本导向，展开讲授、研讨、模拟训练、案例分析以及社会实习，这是公共管理培养方式的基本特色。在大学本科阶段，案例教学一般作为理论教学或原理的讲授的辅助手段，明显有助于减轻“纸上谈兵”的弊端和有利于汲取前人的经验教训。一般通过基本操作流程解决传统教学存在的问题。

首先，设立公共管理案例教学的基本假设。任何一种教学理论、模式和方法都有其自身的预设前提。传统教与学模式的基本假设是：教学过程是单向流动，即从教师流向学生，教师是知识、真理与智慧之源，学生通过教师获取知识是唯一高效而可行的方式。而公共管理案例教学的基本假设是：学习主要靠学生自己积极主动地去参与案例的讨论与分析来进行，通过摸索、体验和领悟来学习，所学的知识、技能与经验是直接的、第一手的，学习不仅是个人的单独活动，而且应是一个群体的成员之间进行互动的集体活动过程；教师的职责是激励学生学习，在课堂上创造一种良好的学习环境。

其次，明确公共管理案例的分类特征。按照内容标准，公共管理案例大体包括用来记述和说明公共事业管理实践中发生的事件、政策和决策全过程的说明型、以政府决策者为服务对象和为特定问题提供来龙去脉、不同见解和结果评估的政策咨询型和提出理论假说，进行经验检验和创新认识的理论发现型三大类。在选择案例进行教学时，必须特别注重案例选择。

所选案例的内涵具有多种维度和典型性，涉及政治学、管理学、经济学、社会学等多门学科，也可能涉及政府、企业、民众等众多方面，与一般的故事、事件不同，案例具有特殊情境的普遍意义。所选案例要具有概括性与可讨论性，不能仅仅停留在“流水账”上，同时案例的层次要清晰简洁。所选案例应该具有问题导向性，问题的形式可以多种多样，或者是开门见山，明确地提出问题让学生思考、分析；或者曲径通幽，将问题隐藏在一般描述中，引导学生通过深入思考发掘问题。

最后，掌握公共管理案例课堂教学的操作技巧。简单案例如芝加哥式（芝加哥大学首先开发使用），即“案例研究”。一般是在讲课过程中给学生分发案例，让他们讨论。师生一起站在局外人、旁观者的角度客观地来讨论问题的发生及解决并找出管理的一般原则。复杂案例如哈佛式(哈佛大学首先开发使用)，即“案例分析”。案例分析要按一定程序进行，如问题是什么、事实和原因在哪里、对策是什么。其目的在于提高学生解决问题的能力和判断力，其重点放在解决问题的过程中，所使用的案例多是现实发生的相当复杂的管理问题。哈佛方式和芝加哥方式的重要区别在于，它不是以客观的局外人的立场，而是以主观的当事人的立场来分析，参加者要把自己当作案例中的领导者或参与者，身临其境地进行分析和决策。

二、公共管理学科案例教学的主要误区

虽然公共管理是实用性很强的学科，但其产生、发展及应用都是有一定理论体系的。理论和知识是一般性东西，是发现问题、分析问题的原则和指导，但如果缺乏专业基础理论知识，仍难以深入或仅停留于就事论事，获益不大。因而案例教学须以理论教学或“原理”的讲授为前提或基础，因此在操作中，若案例过于简单、浅白，价值也不高。

教师对案例教学的内涵及目的认识不到位，对案例教学进行简单化理解。根据小劳伦斯 · E · 列恩的观点，案例教学的目标主要如下：激发学生对于一个主题或问题的兴趣和求知欲；增进学生对于不熟悉问题或材料的了解；传达基本事实、信息；加强对理论的理性理解及应用；提高批判性、分析性和推理性技能；促进作为一种智力技能的决策能力；参与者互相分享经验；提高行为性和社交性技能；使参与者倾听和尊重他人意见并传达共识；增强个人信息和促进提出观念（思想）的意愿；改变对一些问题、观点、组织或特殊人物的态度；提高作为一种社会性或政治性过程决策方面的技能；促进一些制度的转变和改进，以及解决社会问题的愿望，提高解决社会问题的能力。

适合我国国情的高质量公共管理案例较为匮乏，案例更新速度慢，没有形成体系化的案例库，教学案例编写紧迫而重要。公共管理学科的课程取向包括慎思明辨的思维能力，重视分析视角和思维角度，注重公共管理学科的形而上分析；关心社会公共事务的热情，即要求学生对国事、天下事，事事关心；崇尚民主法治的精神，即对学生进行现代公民素养的熏陶和灌输公平、正义、平等的理念；掌握解决公共问题的技术和方法，即培养掌握公共管理需要的专业技能，能综合运用各种技术和方法解决公共管理与公共政策问题，适应社会主义市场经济发展和依法治国、依法行政需要的高层次、应用型专门人才。

在现实中，由于对公共管理案例教学特性缺乏深入认知而出现如下几种看法。一是无用论，认为学生之间通过交流不成熟的意见学不到任何东西；二是低效论，认为案例教学是低效的，它要花费太多的时间才能涉及主题；三是错位论，认为学生付费是为了听教师讲，而不是听其他学生讲。

传统上认为案例教学就是在课堂上使用一两个案例证实课堂上所要说明的理论观点就是案例教学，没有必要进行专门的案例教学培训。其实这是对案例教学的一种误解，真正的案例教学是一种没有固定答案的、学生广泛参与的、师生互动式的教学方式，其中包含丰富的理论和教学技巧，需要教师经过自学、培训、相互交流、教学观摩等形式才能更好地掌握。

当前案例教学在公共管理专业普遍而广泛地开展，在进行多样化教学探索、丰富案例库建设的同时也存在标配化和教学手段、方法上的瓶颈制约。在网络信息时代，学生的学习方式、思维方式和信息获取方式发生了重大而全新的变化，案例教学更应顺应教育发展新趋势，吸取全新的教学理念和教改经验，准确把握公共管理案例教学的基本特征，明确教师和学生在公共案例教学中的角色定位和素质要求。

三、新媒体时代公共管理案例教学的完善

为了尽可能地提高公共管理案例分析课程的实际教学效果，必须在科学选择案例的基础上，使情景模拟式、专题研讨式、师生互动式等教学方式方法能自然贴切地融入案例教学，进而名副其实地做到：以案例教学为主线，以相关理论为支撑，以课堂教学为载体，以师生互动为桥梁，以教学评估为依据，以提高素质为目的。

推进探究式学习智能化教学手段的应用。一是建立智能化的互动学习平台。根据课程内容难度以多样化的方式实施个性化分层，创建不同的小组组合方式。针对不同类型的学生，制订不同的教学计划，设计不同的教学任务。学生在平台上的每一次交互都能得到及时反馈。二是推进微课导学。丰富微课制作的素材，拍摄、录制合适的脚本并进行制作，利用互联网云服务平台与学生共享资源。此外，结合探究式学习的特点优化课程教学 PPT 设计，更多体现其在学生探究式学习中的引导作用。

首先，以自主性为核心组织教学活动。在教学过程中认真思考如何使课堂“活起来”、

学生“动起来”，解决学生被动参与、不能全程参与和参与不足的常见问题。学生在主动参与中以自己的经验和知识为基础，经过积极的探索和发现、亲身的体验与实践，以自己的方式将知识纳入自我认知结构中，并尝试用学过的知识解决新问题，教师在这个过程中只是一个组织者、指导者和参与者。由于探究内容和课堂教学时间、任务的限制，在具体设计探究活动时，要站在整体和全局的高度用系统的观念进行有意识的设计，逐级推进，系统安排。

其次，以实践性为主线改革教学模式。探究式学习特别强调学生的感知、操作和语言等外部的实践活动，强调学生直接经验和间接经验的交融、统一，使认知活动建立在实践活动的基础之上，用学习主体的实践活动促进学习者的发展。在课题研究中，需要解决传统教学模式重理论轻实践的问题，体现实践教学在总学时中应有的比重，强化学生问卷调查、面对面访谈、试点调查、文献调研的能力。

再次，以过程性为标杆创新教学方法。探究式学习追求学习过程和学习结果的和谐统一，并且尤为注重学习过程中潜在的教育因素。在课题研究中应思考如何创新教学方法，尽可能地让学生经历一个完整的知识的发现、形成、应用和发展的过程。

最后，以开放性为原则完善教学环境。公共管理分析本身的学习目标比较灵活，没有专业基础课明确而具体的学习要求，因此，公共管理分析的课堂教学内容是开放的，探究式学习的过程也是开放的。那么，如何打破传统教学封闭的教学环境呢？这也是该课题研究亟待解决的问题。教师应尽可能地提供有利于学生大胆创新、实现自我超越的学习环境。学生在探究学习过程中，能够大胆提出问题，探讨解决问题的方案，对不同的结果进行分析，培养创新意识和创造能力。

第五节　新媒体的实践教学过程管理和质量考核

传统实践教学粗放的过程管理与流于形式的质量考核亟须改革，同济大学以“互联网 +”为驱动，通过现场直播、问题讨论、跟踪签到、调查问卷等方式，探索、实践课内外结合的嵌入式教学、翻转课堂等教学模式。对创新引入“互联网 + 手机”新媒体方式优化实践教学管控的实践进行定性与定量分析，探索构建基于新媒体的实践教学管理考核新模式。基于新媒体的高效管理和质量考核体系，加强对复合型人才工程实践能力的培养，优化了实践教学的过程管理，提高了管理效率和实习质量。

实践教学环节是工科院校培养学生实践能力以及创造性思维等专业目标的重要教学手段，也是学生入职前接触生产实际、获得工程师基本训练、受职业道德熏陶的重要环节。科学的管理和质量考核体系对实习效果具有非常重要的影响，但目前参与“卓越工程师”培养的各大高校关于实践教学培养模式的文献鲜见，对传统模式教学反思不多，对新媒体改进实践教学环节的研究仍处于空白状态。

一、“卓越工程师”课程体系中的实践教学

2010年教育部启动了“卓越工程师培养计划”(简称“卓越计划”)。作为对我国现有工程教育模式重大创新和突破的教育改革，“卓越计划”对工程师培养的课程体系与教学内容提出了新要求，其中明确提出必须“大力加强实践教学，切实提高大学生的实践能力”。

(一)实践课程在工程教育课程中的地位

“卓越计划”要培养和造就一大批能够适应和支撑产业发展、具有创新能力和国际竞争力的卓越工程师，需要通过课程改革满足卓越工程师成长所需要的知识、能力和素质要求。传统工科院校的教学方法以课堂理论知识讲授为主，学生缺乏自由探索、自主学习、主动实践的环境，已经难以适应卓越工程师培养的新要求。

实践课程作为卓越工程师培养的重要途径，在工程类教育课程体系中的地位不断提升。学生所学的理论知识可在实践课程中得以巩固与加深；学生在实践课程中运用知识，提高实践能力、设计能力和创新能力；学生在实践课程中，有机会发现、分析和解决问题，处理现实工程领域的复杂问题，提升综合素养。更重要的是，实践课程提供的体验式学习方式，有利于改变学生被动的学习方式，发挥学生的主体性。

(二)传统的实践教学亟待变革

组织学生赴工程现场参与实习学习，是工科教育课程体系中实践课程的核心内容，但传统的实习已难以适应“卓越计划”的新要求。宁宝宽等总结了土木工程专业的理论学习和生产实习现状(大多普通高校采用分散和集中相结合的形式，即大多数学生几人组成一个小组，自己或学校帮助联系一个施工现场进行实习)。徐雷等结合西安建筑科技大学土木工程专业的现状指出，目前我国高校土木工程专业生产实习存在实习场所难以落实；实习管理制度不甚严格、选题制度不健全、总结与管理工作不够细致、执行相对滞后等问题。邓夕胜等以西南石油大学的实习现状为例，总结了实习单位接收容量有限、学生真正参与生产的机会少等实习过程中存在的具体问题，并提出改革人才培养方案实践环节、实现校企合作、加强自联实习等改革建议。厉广广与王新武为解决高校土木工程专业传统教学模式存在的教学方式和手段滞后、课程相对独立、理论与实践结合度低等问题，提出了多方式授课、多层次教学、多专业结合的“三多”综合教学模式。朱运华认为毕业实习过程中，只有充分发挥学生的主观能动性，不断培养学生的创新能力和动手能力，才能将学生所学基础理论知识灵活用于解决实际问题，并结合近年指导学生毕业实习的经验，就土木工程专业本科毕业实习阶段的创新目标制订、思想动员和考核制度建设问题展开探索。周林聪和柳志军基于土木工程专业实践教学的培养目标，从教学内容、组织方式、考评方法三个方面分析了目前土木工程专业实习教学存在的主要问题，在此基础上探讨了土木工程专业实习教学模式改革的主要途径和方法。卢文良分析了桥梁工程毕业实习的特点以及学生的知识储备情况，从实习时间、实习内容、实习现场、实习管理等角度分析了实习存在的根

源，剖析了问题存在的原因，提出了优选实习工地、建立实习基地、强化现场讲解、补充实习讲座、完善视频资源等改进措施。

（三）实践教学课程管控面临挑战

在实践教学的课程组织与过程管理上，传统方式也面临挑战：一是学习容易浅表化，以走马观花式的参观为主，难以深入思考；二是互动性较弱，学生被动地看和听，互动参与的机会少；三是过程管控存在盲区，集中式实习教师难以一对一兼顾，分散式的学习则缺乏统一监管；四是质量评价难以精细，实习考核流于形式，实习报告抄袭、应付了事，效果难以达到预期。

因此，加强对实践教学模块的科学设计与过程管控，成为“卓越工程师培养”课程体系中提高实践课程效能、激活学生的主体性、培养学生能力与素养的重要保障。随着互联网、信息技术的发展，信息素养成为当代大学生必备的综合素养，又为优化实践教学的过程管理提供了新契机。

二、掌上“互联网＋”变革大学生专业实习

中国互联网络信息中心 2017 年 1 月发布的第 39 次《中国互联网络发展状况统计报告》提出，截至 2016 年 12 月，我国网民规模达 7.31 亿，网民中学生群体规模最大，占 25.0%。使用手机、电视上网的网民规模保持快速增长，网民使用手机上网的比例为 95.1%，手机不断挤占台式电脑等其他个人上网设备。

（一）“掌上新媒体”普及

当代大学生已是信息时代的“原著民”，微信、手机 QQ、微博、APP、BBS 等新媒体形式日益丰富，成为学习的重要辅助。张静、刘开源的研究显示：86% 的学生认为新媒体可以拓展自己的专业视野，43% 的学生认为可以提高专业学习成绩，30% 的学生认为新媒体有助于改善学生的学习态度和学习动机，34% 的学生认为有助于丰富和改进自己的学习方式。

信息技术深度渗透至教育领域，同济大学土木工程学院在教学改革中提出，以“互联网＋”为驱动，探索、实践课内外结合的嵌入式教学、翻转课堂等教学模式，增强学生学习的自主性。

（二）海量信息环境中的主动学习

新媒体突破了传统实践教学等特定场景的局限，利用手机网络发布公告、传递信息、播放新闻，学生可以随时搜索、补充现场资料，请教、讨论热点难点问题，分享自己的学习心得。主动求知，学生成了学习的主体。新媒体以其互动性、多元化、即时反馈等特征，为提高实践教学的过程管理与学习效能提供了更多可能。

（三）即时互动中的深度学习

在新媒体环境中交互性的社交平台很多，学习变成了师生、生生多方互动交流的过程，从而改变了传统教学信息提供的主从关系。多通道互相回应，将学习讨论不断推向深化。

在一项调查中，70% 的学生认为网络互动可以增进与同学之间的交流，56% 的学生认为可以拉近与教师的距离。受访者中有部分大学生经常访问教师的博客或 QQ 空间，浏览内容并参与互动。此外，大学生还通过新媒体进行自我反思，如撰写日志用以记录或反思等。

（四）自动记录学习过程

新媒体交流平台多为图文形式，方便即时记录学生的学习过程与成果。微信平台中，朋友圈有每日“签到”“打卡”“点赞”等功能，可以随时记录每个学生的学习过程。通过文字、语音等多种方式，在“晓黑板”讨论区限时记录学生的学习收获，为开展科学的过程性评价提供了可能。

（五）多元呈现个性化的学习成果

新媒体融多媒体的内容和形式于一身，兼容了文字、图片、视频、音频等多种表现形式，丰富了学习成果的呈现方式。在实践教学过程中，学生可以在微信公众号中发表新闻报道、在 QQ 空间撰写分享电子日记、在“晓黑板”中讨论专业问题。这一新的载体有助于多样化考核，增强了评价的实效性。

三、基于新媒体的实践教学管理创新探索

新媒体融入教学，将有助于颠覆传统的教学方式，发挥学生的主体性，提高教学效果。同济大学土木工程学院率先在毕业实习环节进行了探索。2017 年 4 月 10—25 日，同济大学土木工程学院 70 名大四学生参加了桥梁专业的毕业实习。参与实习的学生全部拥有可上网的智能手机。在此基础上，首次建构了基于新媒体的过程管理和质量考核系统，包括现场直播、问题讨论、跟踪签到和调查问卷等。学生在同济桥梁公众号发表日记 5 篇、成果汇报 1 篇，截至 2017 年 5 月 11 日，6 篇帖子平均阅读量为 425 次，最多达 606 次。基于新媒体的、高效的管理和质量考核体系，加强对复合型人才工程实践能力的培养，形成了体现同济大学土木工程专业毕业实习特色和优势的培养模式。

（一）电子签到系统：高效安全管控

集体实习，包括技术报告、现场参观、小组讨论、实习汇报等各环节，持续时间长，而且集体实习地点往往分散在不同城市、不同企业、不同工地，将面临交通、学生管理、实习效率等方面的挑战。

此次基于新媒体的毕业实习过程管理，实现了实践教学基地与指导教师全覆盖，建立健全了实践教学的全过程管理机制。利用微信签到功能，便捷地实现了点名工作自动化，

保证了人员管理无死角，点名系统自动生成统计报表，能够清晰直观地掌握学生的出勤状况。

（二）微信直播：激活学习主体

毕业实习的现场学习，相当于传统的课堂教学环节。通过微信公众号报道，学生成为被直播的学习主体。5 篇微信直播报道全部由学生自主完成，图文并茂，学生的感受与收获得以直观呈现。

以箱梁起吊参观为例，在实习第二站芜湖二桥参观时，恰巧碰上第一节箱梁准备就位起吊，学生围观并学习了吊装箱梁段的全过程：起吊装置下降，同时节段箱梁下方的运送车不断根据起吊装置的位置调整自身位置，使箱梁段和起吊装置的固定爪对齐。对此，学生就如何固定的问题展开了激烈讨论，如磁铁吸引、胶粘、螺栓连接等。事实上，工人师傅通过螺栓将起吊装置和梁段连接，起吊装置下部圆盘可以保证梁段稳定转向并落位。

（三）多方互动讨论，推进深度学习

传统的毕业实习在现场匆匆观摩，很难深入学习。此次毕业实习利用“晓黑板”软件，实现问题征集、讨论、互动，深化了对现场实践问题的理论研究。

以此次毕业实习讨论最热烈的其中一个议题为例：钢箱梁为什么上下缘是 U 肋，腹板是 T 肋，两端风嘴是一字形肋？针对这个问题众说纷纭，有的学生认为箱梁顶板刚度小，U 肋惯性矩大，稳定性好；有的学生认为箱梁顶板用 U 肋是因为需要承担局部荷载，所以需要更大的稳定性；有的学生不仅提出了自己的看法，还引入了 T 肋和一字肋的区别等新问题。最终由组长对此做总结。学生不仅学习了知识，而且从一个问题开始发散，训练了思维，达到了多方位思考、深度学习的目的。

（四）过程性评价，鼓励参与

实习质量监控一直是传统毕业实习教学的难点，新媒体为过程性评价提供了方便。

1. 参与次数统计

在“晓黑板”中，共有 14 名学生发帖提问，39 名学生参与回复讨论、回答。其中，参与讨论最多的学生有 8 次，有 5 名学生参与了微信公众号直播内容的撰写。学生按照参与次数、提出或回答问题质量自动统计生成相应分数。

按照统计次数，未参与讨论与提问的学生此项考核成绩为 0 分，发帖提问的学生得 10 分，其他参与讨论的学生按次数分别给予 2 ～ 10 分的评价。

2. 质量考核

过程性评价还设计了最佳提问、小组总结汇报等指标，引导学生提高学习参与的积极性和学习效果。

3. 电子习题

实习作业采用电子习题方式，毕业实习过程中进行了 3 次测试练习，即时提供考核评价分数，并计入总评。

4. 调查问卷，科学反馈

毕业实习的效果如何？传统的粗放式教学往往忽略了反馈环节，或者简单地采取学生座谈等方式获得感性认知。而依托新媒体手段，借助腾讯问卷调查系统，可对参加实习的学生进行调查，获取详细而准确的反馈信息，为改进实习方案提供科学依据与参考。

此次调查共收到有效回复 40 份，约占参加实习学生总数的 57%。有 75% 的学生认为通过“晓黑板”每日进行提问和讨论“很有必要，巩固了知识”，有 20% 的学生认为“效果一般，收获有限”，有 5% 的学生认为“完全没有参与讨论，不予评价”。

对于老师每天通过电子问卷的形式布置思考题，有 95% 的学生认为“很有必要，通过做题学习和巩固了知识”，有 5% 的学生认为“题目质量不高，收获一般”，认为“毫无意义，浪费时间”的学生没有。

有 45% 的学生认为撰写个人实习日记对于巩固和加深实习所学知识的效果“非常有效”，有 37.5% 的学生认为“有一定效果”，有 17.5% 的学生认为“毫无意义，浪费时间”。

有 55% 的学生认为个人实习报告对于巩固和加深实习所学知识的效果“非常有效”；有 45% 的学生认为“有一定效果”，认为“毫无意义，浪费时间”的学生没有。

通过对同济大学土木工程学院首度在毕业实习中引入新媒体手段的实践研究，笔者认为：新媒体手段优化了实践教学模块的过程管理，提高了教学管理效率；新媒体手段有助于变革传统学习方式，实现主动、深度、互动学习，提高工程类学科学生实践课程的学习质量；新媒体手段提供的大数据平台为改进课程与教学提供了科学支撑与精确的数据基础。为此，笔者从三方面提出建议。

探索新媒体手段助推实践课程改革的机制。新媒体手段融入实践教学环节，丰富了学习内容资源，增加了教学过程中的多方互动，激活了学生的主体性，实现了教学效果的即时准确反馈，体现了卓越工程师培养体系的教改价值，具有普遍的应用价值。建议进一步深入探索新媒体手段助推改革实践课程学习改革的机制，使新媒体技术成为实践课程教学的重要辅助手段。

优化新媒体融入实践课程教与学的平台。首次使用新媒体管理毕业实习，挖掘、组合使用了微信、晓黑板、网络调查工具等多种资源，但功能比较分散。建议针对土木工程专业实践教学专门开发集电子签到、自动记录、讨论分享、专业练习、评价考核、意见反馈、现场直播等功能于一体的新媒体平台，提高实践课程的教学过程管理效率与教学效能。建立健全现场专业带队教师、行政管理教师、工地管理人员、工地专业讲解人员、学生，以及学校后台教务、行政管理人员等多方共同参与的新媒体平台，实现记录管理、评价考核、传输共享、多主体即时互动等一体化，保障实践课程学习质量。

利用新媒体对接理论学习与实践活动。探索基于新媒体的课堂理论学习与实践教学现场实践对接互通系统，将实践教学的效能放大、延伸至学生日常的课堂学习中，创设学以致用、活学活用的平台，提升学生的工程素养。

第六节　新媒体背景下高校多媒体教室的管理

教育技术飞速发展，高校的教学工作技术化水平也日益提高，多媒体教学逐渐成为主流。做好多媒体教室管理工作，为教学提供完善的保障就变得意义重大。然而，当前高校多媒体教学实践中，教师对多媒体技术服务的质量并不满意，抱怨颇多。这其中的原因是多方面的，而无论何种原因，目前的情形都影响了教学效果。要走出目前的困境，多媒体教室管理部门应该从制度建设、设备条件、管理手段及人员培训等方面，全方位地提升服务质量，保障教学的顺利进行。

随着新媒体技术的飞速发展，人们的生活已经被彻底改变，微信、微博、QQ 在网络世界里为人们重新建立了活动和沟通的空间。在教学领域同样如此，新技术给教学提供了更丰富的教学手段，为教学带来了无限可能。目前，板书逐渐淡出了教育者与受教育者的视野，取而代之的是多媒体课件。以多媒体课件为载体的多媒体教学，凭借对人们感官的全面刺激，迅速抓住了教师和学生的心，在高校教学中已成为主流。然而技术是一把双刃剑，其在给教学带来便利的同时，亦带来了一定的困扰。这一点在高校多媒体教室管理部门与教师之间表现得尤为突出。因此，解决这些困扰，为多媒体教学扫清障碍，让技术真正为教学服务，就成了当务之急。

一、高校多媒体教室管理现状

高校多媒体教室管理，其本质是服务于人的一项工作。管理人员承担着多媒体教学的支持服务工作，因而，有效评估多媒体管理人员的服务质量，是研究高校多媒体教室管理的主要议题，是保障多媒体教学顺利进行的关键，也是深化创新教学改革的保障。

为此，有学者尝试通过 SERVQUAL 量表的方式来对多媒体教室管理人员的服务质量进行科学、准确的研究。他设计了包括教学环境、业务素质、服务态度、信任程度、个性服务等五个维度共 32 个题项的问卷进行了严谨的调研。其研究表明：教师对多媒体教室管理人员服务期望平均值较高，而实际感受平均值却很低；多媒体教室管理人员服务质量直接影响着教师的未来行为选择，提高服务质量能够有效减少教师的不满情绪、抱怨次数和投诉可能性。

由此看来，使用者尤其是教师对高校多媒体教室管理的现状并不满意，目前多媒体教室管理人员所提供服务的质量急需改善，以师生满意为中心、提高多媒体教学支持服务水平已经刻不容缓。

二、高校多媒体教室管理问题分析

（一）管理手段滞后，信息反馈不及时

多媒体教室管理工作，看似简单，就是管理好各个教室别出问题，而事实上这项工作并不容易。因为多媒体管理部门要协调数百间多媒体教室、管理数百件多媒体设备，同时还要处理大量教师的同时授课，工作量是极大的。因此，要做好这些工作，管理手段显得尤为重要。而当前，多数高校多媒体教室的管理方式还停留于纸笔记录、口头传达这种看似与信息化时代相脱节的阶段。用这种方式来管理多媒体教室已经暴露出了很多问题。比如：每日的维修记录信息不容易被完整记录、汇总和分析；设备的状态信息无法被及时查看；教师对设备的反馈信息不容易被及时收集和吸纳；因获取信息不便，导致调换设备或教室的效率低下等。相关的问题还有很多，都是由管理手段滞后造成的。

（二）缺乏专业且结构合理的管理队伍

总体来讲，高校多媒体教室管理部门不是很受重视，这决定了他们无法形成一个专业且结构合理的管理团队。首先，很多高校多媒体教室的管理人员主要由一名到两名计算机专业人员和很多临时工组成。总体来讲，他们的学历上普遍偏低，业务能力无法紧跟多媒体技术发展的步伐。其次，由于地位较低，很多高校在对多媒体教室管理人员培训、进修、晋升职称等方面有所欠缺，而这会挫伤多媒体教室管理人员的工作积极性和进取心。如此，多媒体管理人员很难形成结构合理的管理队伍，也就无法保证提供高质量的教学支持服务。

（三）设备条件相对落后于教学软件的发展

随着信息技术的发展，各种教学软件层出不穷，每个教学软件的版本也都更新迅速。教师时常会为了教学需要，临时安装一些新的软件，而这些软件对计算机的配置提出了更高的要求。这就会造成两种情况：一种是当前的计算机配置无法支持新软件的使用，教师因无法安装新软件会对多媒体教室管理人员提出强烈的意见；另一种情况是很多教师都按照自己的需要去安装新软件，这会使计算机的内存严重不足，导致计算机运行缓慢，继而引起没有安装新软件的教师的不满。在这两种情况下，教师最终都会将矛头指向多媒体教室管理人员，造成两者之间的矛盾加深。

（四）任课教师欠缺教育技术能力，误操作现象频发

多媒体教室的各种设备最终是由任课教师来操作使用的。因此，教师能否正确使用，直接关系教学效果的好坏。现实情况是，任课教师经常忽视教育技术的学习、对给他们提供的培训不屑一顾，而在使用多媒体设备过程中他们又经常发生操作不规范或是错误的现象，导致设备无法正常运行甚至发生损坏。发生了这种情况既耽误了正常上课，又增加了不必要的维修量，甚至有的教师还将责任推到管理员身上，无形中增加了管理员与教师之间的矛盾。此种现象在学生社团活动与招聘宣讲中也频繁出现。

（五）设备数量大、变更频繁，导致资产管理难度大

随着多媒体教学的普及，每个高校的多媒体教室都在尽可能地增长，设备数量越来越大。而在日常的维修中，设备变更（如主机交换、备用设备替换等）是经常发生的，整体而言设备的流动性较大。如果多媒体教室分布在不同的楼上，信息一旦更新不及时，很容易造成设备的账、物不符，这给固定资产管理增加了难度。

三、多媒体教室管理问题的对策探讨

（一）与时俱进，引入信息化管理手段

大数据时代，管理手段的信息化，是任何一个管理部门最终都绕不开的议题。多媒体教室管理部门，作为一个信息技术部门更是如此，引入信息化管理手段来统筹管理多媒体教室设备、方便快捷地处理设备使用者反馈的信息成了必然。

信息化管理手段不必一味追求技术先进，因为最先进的难免水土不服，而且成本也是一个很大的问题。结合目前的有益经验和实践中的一些成功案例，笔者认为，该信息化管理手段应该包括以下两大功能模块：

1. 面向使用者的功能模块

对于使用者而言，首先应该了解设备的使用和维护常识。所以，应该有关于设备的使用说明（可图文并茂，有条件的最好进行视频解说）、相关的管理规定、应急预案。此外，为方便使用者申请教室，还应该配上关于教室申请的申请说明。其次，要提供专门的教室申请功能，目的是避开走纸质程序时的低效，节省使用者的宝贵时间。同时，使用者申请教室需要查询相关信息，因此应该提供实时的多媒体教室占用信息、教室容纳人数信息及教室分布地图。最后，为便于使用者与管理员之间进行更融洽额沟通，还应该向使用者提供反馈意见的窗口。

2. 面向管理员的功能模块

多媒体教室管理人员对该系统的需求主要分为前台和后台。前台部分，管理员应该能够准确记录设备报修信息。后台部分是整个系统的重头戏，也是与当今的大数据背景十分契合的，主要承担数据管理和统计分析功能。具体而言，首先，应该能够对前台添加的维修记录进行统计分析；其次，应能对教室设备信息进行动态记录；再次，应能与教务系统进行对接以提供实时的多媒体教室占用信息；最后，应该能对使用者提供的教室申请信息进行审核和处理。

有了合理的功能模块，还应该有合适的载体。在如今这样一个智能手机横行的年代，多媒体教室管理系统与手机绝缘是不现实的。所以，在建构系统时，必须同时开发手机版本以适应时代发展的需要。

（二）加强教师的教育技术能力培训

为了使任课教师能正确地使用多媒体设备，掌握多媒体教室设备的操作规程，对教师进行教育技术培训是十分必要的。要保证培训的质量，必须建立相应的培训制度，多媒体教学管理部门应该与教务处、人事处合作共同把培训工作做好。如规定必须至少参加一次培训，培训合格后发放相应的证书，没有合格证书就不能申请多媒体教学，将教育技术考核纳入教师的年终考核中去。在培训内容上应该涉及多媒体教学的发展史、多媒体教室的使用流程、多媒体教室的组成以及多媒体教室常见问题的处理方法等。培训时间放在每学期开学初较好，因为教师可以及时地去实践中内化所学习的技能。

（三）加强制度建设和人员培养

高校多媒体教室的管理和维护工作实际上是一个教学服务工作。表面上面对的是机器，实际上面对的是全校的教师和其他教职工。建立健全的多媒体教室管理制度，将会使多媒体教室管理工作规范化、可视化，有利于接受使用者监督以更积极地改进工作，继而有利于处理好与多媒体设备使用者的关系。

无论什么性质的工作，人员的培养和团队的组建是关键。相关部门应该更多地重视多媒体教室管理部门，提供专业的技术人员来进行多媒体技术梯队的建设；改进多媒体教室管理部门的考核方式，给他们提供更多的晋升机会，提高工作积极性。同时，一定要重视多媒体教室管理部门的人员培训，多提供学习和培训的机会（如可定期组织多媒体教室管理人员和各厂家进行技术交流和学习），全方位提地升管理人员的专业技能。

（四）提升硬件水平，合理配置资源

为紧跟教学软件更新换代的步伐，努力提升硬件设备的质量是一件十分紧迫的事情。要做到始终能完全满足教师对设备配置的要求是很难的，所以一方面要在设备采购时把眼光放长远；另一方面要对现有的资源，根据数据分析的结果进行合理的分配。在采购设备时，把眼光放长远，即在综合考虑成本和现实要求的前提下，着眼于教育技术发展的趋势，采购具有扩展性和延续性的设备，尽量延长多媒体设备的使用寿命。对资源进行合理配置，即根据课程特点、教师使用偏好信息等，对设备按照需要进行统一的资源配置，如将高配的设备调整到需求最强烈的课程中去。

多媒体教学已成为高等教育的主要教学方式，因此，其重要性是不言而喻的。相应地，作为多媒体教学的唯一支持服务部门，多媒体教室管理部门也应获得足够的重视。不仅外界要重视多媒体教室管理部门，其自身也要对自己的地位和重要性有个清醒的认识。有了重视和认识，多媒体教室管理部门应该尽快从硬件、软件、管理手段及制度建设等方面全方位地提升自己的服务质量，做高校教学工作最坚强的后盾。

第七节　高校新媒体建设管理办法

随着新媒体技术的不断发展和成熟，新媒体在高校教学科研、思政教育、管理服务过程中发挥着越来越重要的作用，本节从领导重视、搭建平台、完善制度、丰富内容、形成机制等五个方面构建了体系化的高校新媒体建设管理办法。

新媒体以传播速度快、覆盖范围广等特点，在新闻传播和舆论扩散方面日益发挥着重要作用。新媒体主要包括各类微博、微信和公众号、QQ、易班、易信、人人网、抖音、今日头条号、手机 APP 客户端、网络视频、移动电视等各类新媒体平台。高校新媒体在提供信息服务、展示学校形象、传播校园文化等方面发挥着越来越重要的作用，做好高校新媒体工作可以内聚人心，外塑形象，做好宣传工作，需要统筹谋划、全员参与、多方联动。为进一步加强校园新媒体建设管理，充分发挥各新媒体平台在展示学校形象、发布新闻信息、网络舆论引导、网络文化建设和提供社会服务等方面的作用，本节探索提出了一套高校新媒体建设管理办法。

一、领导重视，统筹规划

学校党政要高度重视新闻宣传工作和学校新媒体建设，积极构建新形势“人人参与、人人有责”的大宣传工作格局要求。要定期召开学校层面的宣传工作总结和计划大会，对先进集体和个人予以表彰，并成立专门的新闻工作组织，统筹做好学校新闻宣传工作。组织系列新闻宣传专题培训，定期做宣传工作技巧培训和工作交流。

二、搭建平台，组建队伍

开通学校官方博客、微信公众号等网络平台，以“互联网＋思政”为主线，发布与学校师生密切相关的信息，作为学校各单位各班级、学生组织等突出个人、突出事件的宣传展示平台，分众化对象化服务全院师生学习生活、工作发展，讲好校园故事，传递学校声音。同时，要以微信公众号为依托，成立新闻工作站学生组织，专门进行微信编辑、后台维护和公众号宣传等工作。

为提升各学院、专业、班级、学生组织层面新媒体宣传工作实效，应组建以班级宣传委员为主体的学生信息员队伍，强化班级宣传意识，畅通学院、专业、班级、学生组织信息上报机制，构建班班参与、人人有责、全校联动的宣传工作网络体系。通过信息员 QQ 群和微信群，将每天的微信推送及时转发至各班级的微信群。

三、完善制度，畅通机制

无规矩不成方圆，规范的工作制度是各项工作顺利开展的有力保障。高校新媒体建设需要建立包括以工作机制、组织纪律、审核发布制度、工作站成员考核等为主要内容的新闻工作章程，以信息员的工作职责、信息上报流程、投稿须知、考核评优机制为主要内容的信息员工作制度，以坚持正确舆论导向、内容创作、审核校对、领导签发为主要内容的信息审核签发制度等在内的多个工作制度。

四、有理有趣，内容丰富

在内容为王的新媒体时代，想要吸引更多的人关注，就必须从内容上下功夫。高校新媒体建设需要本着“有理有趣”的原则，通过创作有思想有品质的网络作品，讲好“校园好故事”，传播“学校好声音”；主要发布内容包括以思想政治教育体系中诚信教育、安全教育、防骗教育、文明礼仪教育等线上教育为载体的“思政专题”模块，以学校党委、各党支部、团支部活动为依托的“党团活动”模块，以重大纪念日、学习宣传党的十九大精神为主要内容的“时事政治”模块，以优秀个人为代表的“个人风采”模块；以班级、学生组织为内容的“集体展示”模块，以学校教学科研、管理服务动态为主要内容的“学校动态”模块，具体来讲就是“言之有物”“言之有趣”。

言之有物是指日常发布内容要丰富，通过创作有温度有思想有品质的优秀网络思政教育作品，分众化、对象化加强学生网络思政教育，同时为学院各班级、学生组织和个人提供宣传展示平台，服务师生学习、工作、生活、发展，凝聚师生情感，宣传学校发展成就，要以图文并茂的形式展示时政新闻、集体活动、个人风采等丰富多彩的内容。

言之有趣是指推送内容在形式上要有趣味性，通过将“00后”大学生喜闻乐见的表情包、漫画、微视频等新元素融入防诈骗教育、宿舍用电安全教育、大学生文明礼仪教育等主题推送中，寓教于乐。

五、形成机制，应对舆情

做好高校学生舆情收集工作。做好高校学生舆情收集相关工作是舆情危机分析工作和建立预警机制的基础，只有及时、准确地掌握真实、全面的信息，才能准确做出判断分析。舆情收集机制的建立关键在于要畅通信息收集来源，构建由学生干部等骨干学生组成的覆盖点、线、面的全方位信息渠道，全面准确且及时收集各类信息，建立舆情搜集情报网络；建立舆情员制度，及时收集学生网络舆情，便于提前准确预判，将问题解决在萌芽阶段，防患于未然。

形成网络舆情定期分析制度。要对舆情形成定期分析制度，通过舆情搜集、引导、分析机制，统筹谋划，按照搜集的舆情信息，分类汇总、定向预测、定期反馈，增强分析评判的针对性和有效性，重视舆情的调查核实，形成有价值的专题舆情分析报告，为学校决策提供准确信息。

建立高校网络舆情引导机制。高校网络舆情会影响学校的正常教学科研，甚至会影响社会稳定。必须加强预警、有效预防、妥善处置，建立科学规范、行之有效的舆情引导工作机制。一是要明确责任，落实责任主体；二是要健全制度，建立完善机制；三是要完善手段，强化技术管理；四是要培育网络评论员，让立场坚定的学生骨干及时进行相关热点信息的发布传播和舆情引导，多措并举保持校园的和谐与稳定。

做好高校新媒体工作，需要多学、多看、多做，积极推动工作平台从“传统”向“新兴”拓展，从现实环境向虚拟网络延伸，让工作插上“信息化的翅膀”。通过建立线上组织和平台，把线上活动与线下活动结合起来，发挥好互联网为思政教育工作提供信息宣传平台、教育管理、互动交流、密切联系学生等作用。主动占领互联网舆论传播制高点，加强对互联网热点问题的引导和应对，关注校园生活、宣传校园文化，加强政策解读，回应学生关切，掌握网上舆论主导权，不断发现问题、分析问题，更好地发挥新媒体工作在立德树人、服务学校发展中的作用。

第六章　大学生教育管理的实践应用研究

第一节　情感激励在大学生教育管理中的应用

作为国内高校最为常见也最为有效的教育管理方法，情感激励已经成了教师在日常教学过程中最常使用的教学方法。这种教育方法在进行教育管理的时候能够对学生进行情感上的激励。在大学生教育过程中，情感激励最常见的教育手段包括需要激励、认可激励、关心激励以及宽容激励、榜样激励。本节主要对情感激励的内涵进行了简单的分析，并基于此对该方法在大学生教育管理中的应用策略进行了简单的分析。

一、情感激励的内涵

作为管理心理学最常见的概念之一，激励这一概念是由美国心理学家提出的。学者Berelson和Steiner则将其定义为“所有内心渴望得到的条件，希望、愿望都能够对人产生激励……它的本质就是一种内心状态”。而学者Zedeck以及Blod则将其定义成，其本质是一种倾向，它能够使人向某个目标努力。Atchinson则主张激励实际上是一种直接影响，它能够帮助人们产生方向感和活力，持久地向某一目标努力。因此，激励实际上就是利用某种刺激，帮助人们产生强烈的动力，向某一目的不断努力和前进。

激励主要包括两种，一是物质激励，二是精神激励。情感激励的本质为精神激励的一个组成部分，是常见的激励手段。在教育管理的领域内，这种激励实际上就是指教育管理者利用关心、理解、尊重、信任以及宽容等情绪去刺激学生的学习、工作以及生活，用积极和热情来进行努力。这里所说的情感激励不仅指情感投入，还包括营造一定的情境，感化学生的情感，使他们产生情感的认同感以及接纳别人的想法。这种激励手段的主要实现手段就是教师关心学生，对学生进行爱护、保护以及尊重、信任，对他们做出的成绩要及时进行肯定和鼓励，对于他们的错误和不足要及时给予批评指正。教育管理者可以在日常生活中利用人际关系的营造、环境的建设等方式帮助学生了解自己想要的是什么，要做的是什么，将其从被动的行为接受者变成主动的行为实践者，进而产生一种发自内心的归属感和向心力，使其向学校的培养目标成长和进步，进而实现管理者的管理效能。

二、情感激励在大学生管理中应用的必要性

大学生的需求趋向于多元化。根据大学生的当前需求情况以及相关特点的结构化研究，在当代大学生的日常需求中，最重要的四种需求是对知识的需求、对尊严和自立精神的需求，对友谊的需求、对个人成就感的需求。而对大学生尊严与自立精神求需、友谊需求的满足已经成了情感激励最重要的两种方法。大部分的大学生具备良好的自我意识以及独立意识，有着较强的自尊心以及逆反心理。这就决定了教师在教学过程中，应该对学生的自尊进行保护，尊重他们的人格，不能按照成绩来评价人品，也不能按照人品进行区别对待。此外，简单的说教很难对大学生产生良好的教育效果。所以，教育管理者在日常教育教学活动中应该像对待朋友一样对待学生，充分尊重他们，给予他们必要的关心和爱护，使他们感受到来自学校的温暖和关爱，想学生所想、念学生所念，这样的教育方式常常能够产生非常有效的教育效果，可以帮助教师提高教学的效率，实现更好的教学成果。

教育管理者能够对学生本身的生活态度产生较强的暗示作用。在心理学的研究范围内，不少心理学家都认为良好的态度是由良好的暗示所激发出来的，消极的态度则来自消极的暗示。情感激励实际上就是一种积极的暗示，它能够帮助学生产生积极向上的状态，激发他们努力学习的愿望，调动他们的内在潜力。一个成功的教育管理者不应该对学生说出类似于“你就是不行”“你就是错的”的话，而应该在日常的教育活动中真正做到将心比心，把学生当成自己的朋友，用自己的热忱和经验支持学生，引导学生，帮助他们在大学生活中获得充分的成长。

人性化管理已经成了当前组织管理的关键。现代教育管理越来越重视管理过程中的人性化。事实证明，能够在学生群体中真正受到学生的爱戴和尊重的教师往往是那些能够在日常工作中充分调动情感进行教育的老师，他们能够调动学生的积极性和热情。教育管理者在教学过程中应该利用各种各样的方法影响学生本身的情感和行为，使他们的思想变得越来越成熟和积极。在高校的日常教育实践中，学生作为学校的主人，是学校教育成败的关键。学校的日常教育管理应该将学生本身是否能够成人、成才当作教学的关键。无数的历史经验证明了“得民心者得天下”，教师在教学的过程中应该积极地和学生进行思想沟通与交流，了解学生的生活和思想动态，关心他们的点点滴滴，用理解的态度去对待他们的每一步，尊重他们的性格，给予他们更多的信任与赞赏。这样的教育方式能够帮助学生保持积极向上的思想状态，激起他们的学习热情，更加努力地面对学习生活。事实上，融入情感的管理已经成了一种非常成熟、成功的管理观念。此外，用感情来感动学生、激励学生已经成了最为有效的激励方法。情感激励就像一项高回报率的投资，它能够帮助教师利用感情投资收获良好的教育效果，这也是成功的教育管理者应该具备的教育理念与方法。

三、情感激励在大学生教育管理中的应用策略

需要激励。马斯洛的需要理论曾对人的需求进行过划分，按照从高到低的顺序，人类的需要主要被划分为五个层次，即自我实现的需求、尊重需求、社交需求，安全需求以及生理需求。对于大学生来说，他们的生理需求以及安全需求基本上是能够得到满足的，但是另外三种需求就存在着一定程度的不满足。社交需求实际上就是指人们希望建立起一定的友谊关系，希望通过这样的关系获得归属感，为某个特殊群体或者社会所接纳。尊重需求实际上是指人们希望拥有自尊并为人们所尊重，他们希望能够享有一定的名誉和声望，在获得一定的成绩时能够得到一定的认可。自我实现需要实际上就是人最高层次的需要，它是指人们希望能够完成自己能力范围内的工作，充分发挥出自己的潜能。以教育管理者的视角来看，他们需要了解大学生的不同需要。比如说大一的学生在刚刚入学的时候，很有可能对新的大学环境以及学习要求表现出一定的不适应。大二的学生在人际关系方面可能会出现一定的问题，他们缺少努力学习的动力。大三的学生开始面临就业的压力，对社会的了解比较有限。教育管理者只有对学生的这些需要有充分的认识，才有可能创造出能够帮助他们满足需要的环境。而只有当教师主动、有效地对学生的需要进行引导时，他们才能真正激励学生努力学习。

认可激励。教育管理者需要主动发掘学生身上所隐藏的各项潜力，创造出各种各样的方式和渠道来帮助学生挖掘自己的潜能，利用活动的形式帮助他们找到成长的原动力。在社会行为管理理论的研究范围里，工作成绩实际上是由个人能力和激发程度两个因素共同作用形成的。所以，成绩的好坏不仅仅和学生本身的能力有关系，也和教师的激发程度有着密切的关联。所以，教育管理者在日常管理工作中需要尽可能地激发学生，虽然学生个人的能力不是无限的，但是通过激励，他们也能增长自信，对自己的努力进行肯定，取得进步。美国的学者罗森曾经做过这样一个实验：他随机选择了三个小学班级，并随机告诉教师几个具有良好发展潜力的学生的名单(实际上仅仅是随机抽取的)，通过八个月的学习，这些孩子都取得了较大的进步。由此可见，教师对学生产生了一定的先验印象，他们认为这些孩子与众不同，在教学的过程中不断给予其认可与赞赏。教师的态度对孩子的成长和发展产生了较为直接的影响和作用。事实上，不仅仅是小学生需要教师的认可，大学生也同样有这方面的需求。大学的教育管理者在日常工作中应该坚持多进行正面引导和激励，也就是主动发现学生身上的优点和闪光点，满足他们渴望得到赞赏的需求，通过一段时间的积累，主动根据教师的要求去完成自己的学习任务。这样的态度养成实际上就是有效教育的关键，教师在整个教育环节中起到了非常重要的导向作用。

关心激励。关心激励的本质就是教师在日常教育教学活动中给予学生更多真诚的关爱，主动帮助他们解决生活中遇到的问题，和他们一起面对学习上的困难。大学的教育管理者应该多为学生办实事，帮助他们解决那些令他们感到困扰的问题，减少他们的困扰和

烦忧，进而帮助他们真正做到热爱学校、信任老师。通过这样的方式，教师能够激励学生更加积极努力学习。事实上，忽视学生的情感体验，一味进行说教不仅不能激励学生努力，反而会刺激学生的逆反情绪。正是日常生活中点点滴滴的关怀才能够激起学生的情感，如学生的身体情况、生日等等。这些看起来琐碎的小事更容易帮助学生感受到教师的诚意，激起他们的努力情绪，使他们更加积极地面对学校生活。

综上所述，情感激励的方法有非常多的种类，教育管理者在教学过程中可以充分利用这个方法，发挥自己的作用和价值。不过需要注意的是，人的需求是多种多样的，情感也是如此。所以教师在对学生进行情感激励的时候，应该根据时间、地点、学生的个性特点等具体情况选择有效的方法进行情感激励，只有这样才能真正充分发挥这一方法的价值与作用。

第二节　非正式奖励在大学生教育管理中的运用

奖励是一种常用的激励手段，在高校大学生教育管理工作中有非常重要的作用。奖励应适应大学生的心理特点和需求，具有导向性。但随着社会的发展，现代大学生的心理特点和需求有了很大变化，传统的正式奖励已不能满足大学教育管理的需求。非正式奖励可以达到正式奖励所不能达到的效果，对正式奖励具有补充作用。本节就如何在大学生教育管理中运用非正式奖励做了分析和探讨。

奖励是一种常用的激励手段，激励是人生的养分，能让人肯定自己、充满自信、积极地面对学习和生活。美国哈佛大学教授威廉·詹姆士研究发现：在缺乏科学、有效激励的情况下，人的潜能只能发挥出 20%～30%，科学有效的激励机制能够让人把 80%～90% 的潜能发挥出来。大学生是国家的未来和希望，对大学生进行有效的激励管理非常重要，而奖励作为一种重要的激励手段，研究它在大学生教育管理中的运用，对于调动大学生学习的主动性、积极性和创造性，激发大学生发挥潜能，促进大学生全面发展，有非常重要的作用。

通常来说，大学生的奖励方式有综合奖学金、三好学生、优秀学生干部、社会工作奖、学习进步奖、实践创新奖等奖项。有的高校还有社会团体、企业或者个人等设立的各类奖学金、荣誉称号等，是一种用精神方式和物质方式的授予来肯定并强化大学生积极行为的一种手段。这样基本以学期或学年为评比时间的各种奖励，是一种静态激励，它对上一学年学生的表现给予充分肯定，缺乏动态性，不能在日常的学习、生活、工作中给予学生及时的反馈和肯定。很多大学生也表示，奖学金具有一定的精神激励作用，但发放时间太长，效果降低，奖学金金额具有一定的吸引力，但是随着经济的发展，吸引力日渐降低。可见正式奖励作用受到限制，传统的奖励方式、奖学金金额等正式奖励方式越来越不能满足学生的需要，达不到奖励期待中的效果。非正式奖励可以在日常的学习、生活、工作中给予学生及时的反馈，作为正式奖励的补充，达到正式奖励所无法达到的效果。

一、非正式奖励的含义

非正式奖励最初来源于非常著名的金香蕉奖。据说惠普公司的一名工程师，突然告知经理自己找到了公司目前一个问题的解决办法。经理听完非常高兴，想感谢工程师，但是翻遍办公室也没找到适合作为奖励的物品，经理灵机一动，从自己的午餐中拿出一根香蕉递给工程师并说道："干得好！"虽然只是一个香蕉，但是当时这个工程师非常感动，因为自己的努力得到了经理的肯定与赞赏，而这个"金色香蕉奖"随即变成了一项授予员工的珍贵荣誉。

从此人们就把那些即时的、自发的、不用太费心就可以做到的奖励作为正式奖励的一个辅助手段，称为非正式奖励。非正式奖励是相对于正式奖励而言的，它对正式奖励具有补充作用，目的在于达到正式奖励所达不到的效果。

一些非常有效的奖励方式可能根本不需要花钱，在适当的时候从适当的人口中说出的一句真诚的话，对于大学生来说，比奖状、奖金更为重要。威奇托州大学管理学教授格兰厄姆博士通过对 1500 名员工的调查发现：员工最喜欢的奖励方式是他们的顶头上司对他们公开的、不假思索的肯定和认同，63% 的受访者把"拍拍后背"看作是一种意味深长的鼓励。

可见非正式奖励有非常重要的激励作用，大学教学管理者在日常工作中应该学习、运用非正式奖励，并不断探讨适合大学生的非正式奖励方式。

二、非正式奖励的运用

正式奖励一般有章可循，有相应制度、手册规定。而非正式奖励不同于正式奖励，它没有固定的规章可循，是即时的、自发的奖励，没有固定的形式，教育者运用非正式奖励时可以从以下几个方面入手：

（一）以感情为基础

必要性：奖励包括正式奖励和非正式奖励，这两种方式都是为了更好地激励大学生，相比较而言，正式奖励多为程式化的、固定的、统一的奖励，在实施的过程中感情色彩较少，所以为了让教育者的奖励更有效，非正式奖励应该作为正式奖励的补充，更注重感情色彩，弥补正式奖励所缺少的感情色彩，以感情为基础打动学生，达到奖励的效果。

重要性：非正式奖励是即时的、自发的奖励，它没有固定的形式，多为教育者在一定情景下的"随意表现"。教育者在做出这种"随意表现"时如果没有投入感情，那么整个过程就会显得生硬、呆板甚至不合时宜。可见，感情在非正式奖励中有重要意义，没有了感情，非正式奖励的效果会大打折扣甚至起到相反的作用。

（二）了解现代大学生需要的复杂性

马斯洛的需要层次理论指出，人类有生理需要、安全需要、社会需要、自尊需要和自我实现的 需要等多层次的需要。大学生的需要是复杂多样的，奖励只有满足了大学生的发展需要才能起到积极的作用，所以了解大学生的需要很重要，具体来说，教育者在运用非正式奖励时要考虑到：

1. 不同的大学生有不同的需要

每个大学生都是独立的个体，不同的大学生有不同的需要，即使有相同的需要，这些需要在不同的大学生身上所占的比重也是不同的。了解不同大学生的不同需要，才能知道哪种奖励方式更能满足大学生，更能起到激励大学生的作用。如果教育者的奖励方式因人而异，有很强的针对性，满足了不同大学生的需要，那么将获得很好的奖励效果。如果奖励不是针对具体对象采取的，奖励措施就有可能劳而无功、失去意义。

2. 不同时期的大学生有不同的需要

人的需要是不断发展变化的，在大学四年的不同时期，大学生有不同的需要，如用“挑战性工作”来激励一名大一学生可能是有效的，但到大四，同样的方法对他可能效果就不明显了，因为这时他最关注的是升学、就业相关的事情。

不同事情的奖励程度，常见的情况有两种：一是过度表扬，适当的表扬是对学生行为的促进，但过分的表扬会引起受表扬者的骄傲情绪，甚至伤及第三者，使第三者认为不公正，影响同学之间的关系；二是削弱表扬，如果对大学生的表扬力度太小，非但起不到表扬的效果，反而会降低大学生做事的积极性，不能起到表扬效果和导向作用。

（三）非正式奖励要及时

惠普公司的经理翻遍办公室找不到合适的物品奖励员工，但是他还是绞尽脑汁地找出了一个香蕉以示感谢，因为他知道奖励要及时，哪怕是个小物品，也可以表达此刻自己对该员工的感谢和赞赏。事实表明，一个小物品在合适的时间起到了非常好的奖励效果。经理的奖励虽然只是一个香蕉，但因为及时而获得了很好的奖励效果。所以，不要等到发奖学金时，才奖励学生。在学生有良好的表现时，就应该尽快给予奖励。等待的时间越长，奖励的效果越可能打折扣。

奖励的时机掌握不好，会弱化奖励的效果。学生在某一方面表现很好，可是并没有在激励有效期内得到相应的奖励，很久以后，大家几乎忘记时才给予奖励，这样不仅达不到激励的目的，而且减弱了奖励的效果。

（四）非正式奖励方式要多样化且不断创新

面对同一件事，在不同的情景下，教育管理者不可能用同一方式奖励大学生。比如，你得知学生在某项比赛中获奖，内心很高兴、激动，一种情况是班级开会，这时你可以在全班同学面前大声表扬他；另一种情况是在自己办公室，这时你可以直接表扬并向学生做个胜利的手势或竖起大拇指。

可见，非正式奖励的方式要多样化，譬如：把学生叫到办公室直接表扬，不谈任何别的事情；把表扬事项贴在公告栏，让更多人知道；邀请学生一起进餐，增进感情。多样化的方式才能满足教育管理者随时随地奖励大学生且获得很好的奖励效果的需要。

奖励方式在多样化的基础上还需要不断创新。如果教育管理者使用一成不变的奖励方式，其稳定性有余而发展性不足，尤其是看不到社会发展、人的成长对奖励提出的新挑战。举个简单的例子：如果一个教育者对每个大学生都以拍拍其肩膀作为对其的一种肯定，那么如果他哪次以摸摸学生的头来肯定学生，这无疑将获得更好的奖励效果。而时间一久，如果他总以摸摸学生的头作为肯定，那么哪次改为握握手，这也无疑将获得更好的奖励效果。也就是说，非正式奖励形式一旦使用次数过多、时间过久，那么使用效果将大打折扣甚至无效，所以管理者所使用的非正式奖励方式要不断创新。

（五）非正式激励的法则

为了使非正式奖励更有效，还需要将其与正式奖励相结合，这就是奖励中的大拇指法则，即每四个非正式奖励（如表扬每周晨练好的同学），应该有一个比较正式的奖励（如月度晨练先进个人）；对于每四个比较正式的奖励，应该有一个更加正式的奖励（如在奖学金），再往后可以根据具体情况使用其他奖励方式，循序渐进。

没有一名大学生是平庸的，每个大学生都有无限的潜力，奖励便是挖掘大学生潜力的有效而低成本的方法，在正式奖励无法满足要求的情况下，不妨试试非正式奖励，只要运用得当，它将起到意想不到的效果，对大学生教育管理工作起到非常重要的作用。

第三节　“蝴蝶效应”在大学生教育管理中的应用

当代大学生日常教育管理过程中存在许多符合“蝴蝶效应”原理的要素。学校在开展教育管理工作时，应重视“蝴蝶效应”原理，并正确引导大学生全面发展，为大学生输送优质教学内容。改善学校教学环境、营造优良的学习氛围、是提高教育教学质量以及提升学生自身素质的主要途径。鉴于此，本节作者结合多年教育工作经验，对教育管理中如何正确应用“蝴蝶效应”进行分析，并研究出有效提高大学生日常教育管理的策略，希望有参考价值。

美国气象学家洛伦兹曾提出了著名的“混沌”原理，又称为“蝴蝶效应”。它是指亚洲蝴蝶轻拍翅膀，将使美洲几个月后出现比狂风还厉害的龙卷风。这种效应是由于动力系统初始条件下，一个微小的变化就可带动整个系统的长期的巨大连锁反应。因此，在大学生教育管理过程中，教育内容或教育形式发生细小的变化，都有可能造成对学生教育结果的差异性。教育管理中将“蝴蝶效应”分为良性与恶性两种作用。学校要充分发挥良性作用，正确且及时地引导大学生，确保教育管理的有效性。

一、完善大学生教育管理的意义

（一）完善教育管理有助于推动和谐校园建设

和谐校园，是在教育背景与形势下应运而生的，同时是校园环境建设的一种新型思想，和谐校园建设有助于推动学校教育教学工作的开展，实现长期校园教学活动的稳定运行。各大高校建设和谐校园的思想理念，是在和谐社会建设的基础上提出的，建设和谐校园可有效推动社会教育事业健康发展。因此，在高校和谐校园建设中，必须创建相关的学校教育管理体系和教育管理制度用来支撑校园建设。只有完善大学生教育管理体系，才能全方位地实现教育管理推进工作。将学校、教师与学生结合起来，从而实现高校教育的平衡发展，全面推动高校建设和谐校园工作，为大学生创造和谐友爱的校园环境，促进大学生全面健康发展。因此，完善教育管理工作有助于推动和谐校园建设，并在建设过程中起着非常重要的作用。相关教育部门必须深刻意识到教育管理工作对大学生健康发展的重要性，并以此完善教育管理体系。

（二）完善教育管理确保大学生的权利

随着社会的迅速发展，逐渐推进法治建设进程。因此，许多大学生进一步加强了公民意识，并主动参与自身维权工作当中，合理运用自身权力向相关教育部门提出基本诉求，这也是大学生提升自身法律素养的重要体现。随着高校逐渐开展的教育管理工作，让当代大学生清楚意识到，自身在社会主义建设中应该履行哪些义务，以及应享有什么权利，并且在此基础上，大学生还学会了尊重其他个体的义务与权利，树立正确“三观”，即人生观、价值观、世界观，在建设和谐校园的过程中贡献自己的微薄之力。因此，在新时期背景下，高校要完善大学生教育管理工作，为大学生正确履行自身义务以及科学行使自身权利提供良好的环境。

二、大学生教育管理中的“蝴蝶效应”现象

“蝴蝶效应”是一种十分荒诞的气象原理。从中可以看出事物之间的关系十分复杂，一些微小变化在初始条件下逐渐扩大，从而发展成无法预测的结果。“蝴蝶效应”不仅仅在自然界中存在，在大学生教育管理方面也出现过这种现象。每位学生、教师都有可能是一只蝴蝶，在不经意之间改变周围环境。

（一）学生间的“蝴蝶效应”

大学校园就像是一个小型社会。而宿舍就是最小的单位，经常有报道称某某宿舍所有人都考上了研究生。这不可否认是学生自身在积极努力，更要透过现象看本质，教师不会在起初分配宿舍时就能预见这一结果。或许是某个宿舍学生无意间扇动了“翅膀”，给其他人员带去了学习的动力，这就是受“近朱者赤”效应的影响。学校部分宿舍整夜不睡，

齐聚一堂还有通宵打游戏的。通过调查可知，大多数宿舍但凡有一个抽烟的，其他学生或许出于好奇，或许是盲目跟风，最后发展下来就出现了整个宿舍人手一支的境地，这是受“近墨者黑”效应影响。

（二）师生间的“蝴蝶效应”

在大学生教育管理工作中，教师的言行举止能够潜移默化地影响学生，即展现了“言传身教”的现象。因此，部分教师每次冷漠对待以及斥责，都能给学生造成心灵上的伤害，且这种伤害会影响学生一生。为此，教师要注意言行举止，提高自身职业道德水平，发挥“蝴蝶效应”作用，引导学生健康全面的发展。

三、“蝴蝶效应”优化高校教育管理的重要措施

（一）改善原始信息质量

为完善教育管理机制，管理者要着重提高原始信息质量，应积极向大学生传递正能量。由于“蝴蝶效应”原理，原始信息质量的高低影响着后期教育管理工作的开展。教育管理者要想提高原始信息质量，就要以教学环境中高质量原始信息的录入为基础目标，且有效整合教育教学环境与原始信息。基于此，笔者总结了以下几个方面的观点，希望为教育管理者提供参考价值：

1. 输入良好的信息，改善教育环境

在教育教学环境方面，教育管理者要注意改善高校教育管理环境，从而为大学生提供一个良好的学习场所。在高校教育管理过程中，不仅要注重给大学生传递正能量，引导大学生树立正确思想观念，还要进行优质信息传递，推动大学生全面健康发展。

2. 强化师德修养，提高教育者的水平

高校不仅要重视教师知识能力的培养，还需提高教师的师德修养以及思想道德品质，从而全面提升教师的职业道德水平以及教育教学水平。在日常教育教学过程中，教师要以积极的生活态度对待学生。通过言传身教来潜移默化地影响学生，充分发挥“蝴蝶效应”作用，引导学生健康全面的发展。

3. 应加强学风校风建设，创造良好的学习氛围

良好的校园风气，能逐渐影响学生的综合素质。因此学校要加强校风、学风建设，努力营造优秀的学习氛围与学习环境，不断加强校园文化气息，完善学生人格，使学生逐渐养成合理的学习思维与习惯，并激励学生全面发展进步。

4. 从小事做起，全方位育人

在日常教育教学管理工作中，教师要仔细观察学生的变化，并运用各种手段激励学生努力改掉自身缺点，要克服学习以及生活上的困难，增强学生的自信心。教师应充分认识环境对学生发展产生的重要意义，并培养学生的综合能力，以促进学生全面提升自身综合素质。

（二）强化引导和管理，挖掘大学生潜力

为构建教育管理工作的完善性，教育管理人员要结合教学内容，深入挖掘大学生自身潜力与优点。为此，高校内部高层创建了新的教育管理模式，为提高教学质量，将课堂作为关键阵地，进而培养大学生的综合素质。在实际教学中，教师要不断增加自身学习能力，其掌握问题的各种处理方式。在学生面临生活以及学习中的困难时，要及时采用巧妙方式为其解决问题。除此之外，教师还要对学生积极开展科学管理活动，并提高教育管理效率，重视教学管理效果。随着社会的逐渐发展，当代大学生个性张扬，且思维活跃，对新鲜事物充满好奇。因此，在进行教学时，教师应着重培养学生的个性发展，在共性的基础上，充分挖掘学生的自身潜能，健全培育措施，做到因材施教，根据每个学生的习惯以及个性特点指定教学标准，从而确保教育管理的实效性。

（三）制定合适的反馈机制，及时修正教育方式

为完善教育管理体系，教育管理人员要结合学校管理中的问题，进行分析、探索，指定反馈机制；并依照教育教学工作产生的结果，找到管理中的问题并进行及时修正。根据“蝴蝶效应”原理，要想保证教育管理的实际效果，就要完善教育教学模式，对管理工作中不同阶段的结果分析并及时反馈，根据反馈内容修正教育管理形式，不断提升大学生的教育管理效果，促进大学生全面健康发展。

1. 评价与分析教育管理效果

教育管理将效果评价分为两个部分，即学中阶段评价与毕业阶段评价。学中阶段评价是学校教育工作者，在设定的阶段时限内，对学生的综合能力进行分析总结，并提出自己的评价标准；毕业阶段评价是学生从进入学校直到毕业对学生进行的综合素质评价。在日常教育过程中，教师要结合学中阶段评价与毕业阶段评价，对其结果认真分析、研究，对部分学生不太好的评价结果，要及时分析其中原因，对症下药，从而提高大学生的综合素质。

2. 根据结果修订教育管理方案

教育工作者要对学生综合素质评价反馈信息结果应及时指定修正方案，将评价结果拿到学生本人面前，并对其进行沟通交流，深入了解学生的个性特征，从而不断调整教育教学方式，修订正确的教育管理方案，从而推动学生的全面发展。

（四）掌握大学生教育管理的合理性，细化教育体系

在学生教育管理工作中，每天都会发生各种“蝴蝶效应”，教育工作者的每个举动都可能影响学生、班级、年级、院系以及整个学校。大学生教育管理工作是由无数细小琐碎的事件组合起来的。因此，教育工作者要注意保持警醒，时常关注大学生心理思想变化以及动态发展，做好细节上的小事，积土成山，积水成河，经过时间累计，必定会让学生产生积极的正能量。

为细化教育体系，让其在学生中展现正面效果，学校必须对班主任、学科教师等教育工作者展开定期培训，创建一支性格开朗、包容大度且以学生为核心的教育管理队伍，并

深入了解大学生的内心世界。当代大学生虽然心智过于成熟，但缺乏社会历练。在生活中会碰到许多挫折，从而出现各种负面情绪，教育工作者要从多个角度观察学生中产生的问题，留给学生一定范围内的个性发展空间，并对其进行引导、开解，教师要通过情景式教学方法，师生间互相学习，需共同进步。除此之外，还要防止学生之间出现排斥或偏见，合理运用教育管理手段，促进学生之间的和谐发展。

综上所述，大学生教育管理中"蝴蝶效应"广泛存在，教育管理工作者要合理运用"蝴蝶效应"原理。为大学生传输各种优质教学内容，引导大学生树立正确的思想观念。"蝴蝶效应"对提高教育管理工作质量起到了十分重要的作用。因此，教育工作者应改善原始信息质量，并增强教育管理的实效性，深入挖掘学生自身潜力，制定科学的反馈机制，提高教育质量，促进大学生全面健康成长。

第四节　大学生党建教育管理制度的构建与应用

新时期完善大学生党建教育管理制度，是推进大学生教育管理创新与改革的必然要求，对实现大学生教育管理适应新形势发展有重要意义。近年来高校党员数量快速发展，党员教育管理质量与管理标准建设落后，在经济全球化、信息时代中，高校学生党建长效教育机制的缺失，使得学生党员整体素质下降，不利于新时期学生党建的进一步发展。所以高校必须要探索有效的学生党建教育管理办法，构建完善高校学生党建教育管理制度，以提升学生党员教育管理质量。

自从 2016 年来提出"两学一做"党员教育机制以来，高校党建工作中就开始积极落实"两学一做"的学习教育管理措施，从激发学生党员学习机动性入手，围绕党的十九大精神中的"坚定不移落实从严治党要求"，不断加强党员建设质量，实现"两学一做"常态化、制度化发展。现阶段，高校学生党员数量快速发展，但党员发展质量有所不足，党员教育队伍建设落后，党员教育培训机制缺陷多。为改变现阶段学生入党动机不纯、多元化不足等现象，各大高校都在积极探索与构建一套完整的党员教育管理制度，确保党员发展质量提升，优化党建工作水平，全面提升党员思政工作的实效性。因此，笔者从制度对学生党员教育管理的重要性入手，基于制度建设的长效性与全局性要求，探索改进高校学生党员教育管理制定有效制度的保障途径。

一、制度建设对大学生党建教育管理工作的重要性

大学生是社会发展的精英人群，作为国家未来发展的栋梁，高校在思想政治教育中必须要坚定学生对党的拥趸，坚定不移地走党对高校领导路线，避免社会思潮对学生思想产生不良影响。高校党组织吸纳新生党员，是高校学生党建工作的基础，社会发展新时期下，

社会结构与生产管理发生多元变化，对高校学生的党建教育管理提出了新的要求，不仅要全面落实“两学一做”的基本教育理念，还要从高校党组织的根本任务、教育规划和师生需求入手，积极研究学生党建教育管理体制。一是大学生党建教育管理必须要有制度标准，才能够确保各项教育管理工作落实的科学性、系统性。二是大学生意识形态呈现多样化，我国又处于转型发展时期，所以大学生历史文化修养与社会实践必须要加强，确保学生能够在不同文化与思想交错下坚定自我发展道路，将教育管理制度作为学生多元意识形态的教育改革的基础，提高大学生政治与思想的高度。

二、高校大学生党建教育管理制度的作用

构建高校大学生党建教育管理制度，是要从制度上实现大学生党员教育机制的长效性，建立健全组织保障机制，将健全的社会主义核心价值观融入高校大学生党建教育工作保障机制中，确保各项大学生党建教育管理工作有序展开。第一，设立党建工作与社会主义核心价值观的专项教育经费和教育阵地，配置相应的影音教学设备、新媒体设备等，为开展党员社会主义核心价值观教育提供必要的物质保障。坚守务实、节俭的原则，明确体现出党的群众路线精髓，以“为民、务实、清廉”的思想，确保大学生党建教育活动开展的实效性。第二，依据学生实际情况，在各个年级大学生中设置大学生党支部以及教育活动中心，低年级发展党员，高年级以团队活动形式加深党员教育，通过活动社团化、公寓管理社会化的趋势，将党支部建立在各个社团或公寓中。第三，依据大学生党员教育的重要性和党员发展细则，培养党支部班子，依据民主集中制原则，征求各支部委员与党小组的意见，选拔政治素质高、学习成绩突出以及工作能力强的大学生党员，作为支部书记、委员以及党小组组长等，以支部领导班子为核心形成党建合力，促进大学生党建工作质量的提升。

此外，建立健全制度保障机制，以规范化和创新化为党建制度建设核心，将社会主义核心价值观融入制度中，以科学、创新视角制定各项大学生党建工作制度。第一，加强前导性制度创新，用超前指导党员全面发展的制度，服从党的政策方针、人才培养目标以及大学生身心发展特点，从入党积极分子选拔的基础与需求，与民主监督为主制定党员公约、素质拓展计划、综合素质测评等全面引导党员发展。第二，加强预防性制度建设，基于控制学、预测学的原理，对大学生党员目前以及将来可能出现的不良现象，制定相关的制度，提前对各项不良行为进行预防。第三，加强程序性制度创新，规范各项规章制度，落实实体制度，以程序性制度，加强组织发展，规范组织行为，如完善考察制、入党介绍人制，还有预备党员转正制、继续教育制等，做好制度的战略部署。

三、新时期高校大学生党建教育管理制度构建

创新大学生党员教育手段、构建大学生党员管理服务信息平台。“互联网 +”背景下，

信息技术在高校教学与管理中的应用，推动高校工作的创新与发展。高校大学生党员管理与党建工作的开展，依托于信息技术以及互联网平台、新媒体软件等，构建大学生党员管理服务信息平台，全面收集党员个人资料以及落实人员管理方案，实现学生党员工作智能化、信息化，具有较强的可行性。高校要因势利导，针对大学生在互联网以及新媒体软件中的状态，以微信、微博等为媒介，构建党员教育平台，在大数据、信息以及物联网等技术逐渐成熟的新时期，高校基层党组织利用海量数据之间的相互关联性，拓展服务高速路，实现动态预测与分析，实现智能化校园管理，为学生提供优质的服务、实施教育管理以及展开思想政治教育。例如掌握大学生学习与生活规律，提供相应的辅导与帮助。在高校大学生党员工作中，采用一站式网上服务，如在网上缴纳党费、办理党组织关系转接、实现流动党员的组织回归等，有计划性地展开工作，如党员数统计、党员入库以及开展党组织活动等，在高校大学管理工作系统中，牢牢将大学生党员管理嵌入其中，起到服务学生大众以及党员督促的作用。

强化党建工作教育队伍建设，建设党员交流平台。我国高等教育必须坚持党的领导，牢牢掌握党对高校工作的领导权。基于互联网用户至上原则，大学生党建工作可联合互联网的平台特点，凸显党员的主体地位，大学生党员实现网络实名认证后，在计算机、云端、客户端等，能够随时随地参与支部的组织活动，了解最新的党组织决策部署以及监督党支部建设工作。党员教育中，通过线上党员教育平台的开展，针对不同阶段党员的学习需求，设置“菜单式”的选学内容，党员树立合理的学习目标，选择合适的学习内容以及明确学习重点和学习实践，通过对最终学习情况的测评，展开线上线下一体化的教学。教育平台设置中，可联合微信、微博以及 QQ 等交际软件，为学生党员提供在线学习平台，通过微课程、微视频等制作与上传，有效激发学生的学习兴趣，满足学生的多种学习要求，高校可牢牢掌握思想政治教育的领导权。

党建工作日趋复杂，高校办学愈加开放化，学生个人本位、利益本位以及权利本位等思想观念冲突愈加激烈，学生不能正确、客观地认识自我，对自我发展定位比较模糊，加之近年来大学生毕业就业形势严峻，加重了大学生党建教育管理工作的难度，为将复杂的党建工作系统化、科学化，简化传统复杂的工作形式，必须要从制度建设入手，革新传统学生党建教育工作，围绕新时期下大学生群体思想与文化的动态，创新大学生搭建构建教育工作形式。

第五节　同侪示范在大学生教育管理中的应用

同侪示范是榜样教育多元化的一种尝试，具有良好的创新性、可行性。具体做法是通过在大学生当中树立榜样来引导教育他人，将这种正能量潜移默化地带到大学生中，从而影响学生的思想，进而影响学生的行为，在促进大学生不断进步的同时也促使教育管理体系更为完善。

榜样教育是思想政治教育的一个重要组成部分，传统教师及社会给学生树立的榜样多为“高、大、全”式的优秀人物，让学生感觉到他们离实际生活太远，变为可望而不可即的“神”，从而失去了自我认同感，难以使榜样精神转化为自身发展的动力。因此，面对新时期的大学生，教育工作者必须转变观念，选择合适的、有特色的榜样，贴近实际，便于学习。基于这样的考虑，同侪示范教育应运而生。

同侪，指与自己在年龄、背景、兴趣、价值观等方面相近的同辈人。同侪之间可以分享人生感受，相互帮忙与扶持，协助解决生活问题，避免心理上的孤单与寂寞。同侪示范，旨在借助一系列有针对性的校园文化活动，引导学生“个个做榜样，人人学榜样”，用大学生中优秀学生的榜样力量来引导、影响周围的同学，进而带动大家一起进步，提高学生的综合素养。近年来，我校在大学生的教育和管理中开展“同侪示范”，取得了不错的成效，现举例进行分析。

一、同侪示范之“应数之星”评选

（一）工作目标与思路

为了从广大应数学子中挖掘勤奋学习、乐于助人、自强自立、努力成才的典型，树立榜样，应数学院党委、团总支、学生会组织策划了“应数之星”的评选活动。活动是依据我校“以学习成才为中心，以素质养成为目标”的学生工作方针、结合应数学院学科专业和学生的特点培育出的一个特色活动。几年来，活动根据学校“朋辈教育”“同侪示范”等活动理念，对选拔标准、评选过程进行了多次修改，现已成为应数学子争相参评、深受师生好评的重要活动之一。

（二）实施方法与过程

“应数之星”的评选标准：学习态度端正，勤奋学习，成绩良好且综合测评前列者优先。在大学期间曾担任或现任学生干部，入党积极分子、党员且在担任职务期间表现优秀，乐于奉献，工作积极，热心为同学服务者。在学术、文艺活动、体育方面等竞赛活动中表现突出或取得优异成绩者，对班级或者系有较大贡献的个人或集体。积极参加“文明宿舍”和“文明班级”的创建工作，严格遵守文明公约，并能以身作则。个人声誉好，受认可度高，具有较强的模范带头作用；有很好的交际能力，爱好广泛且有较强的执行能力和创新思想，做事努力认真。

“应数之星”活动实施办法：各班级团支部推荐或自荐，或由辅导员以及各班班主任推荐符合条件的候选人。候选人及其所在支部和班级整理展示材料。召开全院学生代表大会，听取候选人个人或相应团支部或班委会对候选人的展示。由全体代表投票差额选定

“应数之星”，进行公示，宣传。当选的“应数之星”参与学院和学校的各项学生管理工作，发挥作用。

（三）工作成效及经验

活动开展几年来，一批批优秀的学生在评选中脱颖而出，一批批参评的学生通过评选看到不足并找到奋斗的目标。如今，“应数之星”已成为应用数学学院同侪示范教育的主力军。在新生入学教育之朋辈示范教育中，往届“应数之星”将自己奋斗的青春中的酸甜苦辣以及成长成才经历分享与学弟学妹，带来勤奋学习、乐于助人、自强自立、努力成才之正气，激励着对大学怀揣着无数憧憬的新生，这种激动人心的正能量的传播成为我校同侪示范的垫脚石，为应数学院良好学风的兴起起到了良好的示范作用。紧接着，让“应数之星”与新生班级结对子，建立长效联系机制，引导大一新生做好大学的学涯规划。同时，“应数之星”在其所在的班级和宿舍也具有导向作用，成为同学学习的榜样，在提高自己的同时也带动身边的人一起完善自己，利用榜样的力量，推动学生管理工作的开展。

二、同侪示范之学长学姐心语分享会

为了更好地引导大一新生适应大学生活，做好学涯规划，每年都在新生入学教育时举办“学长学姐心语分享会”，从大二、大三、大四的学生中每个专业选拔 1 ~ 2 名在考研学习、创新创业、学科竞赛、学生活动、学生安全信息网络构建等方面成绩突出的学生，与大一新生分享自己的成长经历。

例 1：2010 级金属材料工程的 xxx 同学说，她被调剂到自己不喜欢的专业，从一开始心存畏惧的学渣摇身一变成为今日的学霸，她说：“年轻允许失败，尝试就是一种胜利。在专业学习上，我们可以不喜欢，但是不喜欢不能作为放弃的借口，所谓‘专业’，有时候分类并没有那么严格、绝对，也不意味着一开始的不喜欢就是永远的不喜欢。学习的过程，本身就是一个内心得到富足的过程。”

专业调剂对不少学生来说是个硬伤，这个学姐的分享给新生一个很好的示例，教给新生自我调节，从而努力学习，从学渣变学霸。

例 2：2010 级机电专业的 xxx 学长三年前也在台下倾听着某位学长慷慨激昂的演讲，立志成为学生干部，一步一步走来，终于成为今日的机汽学院分团委副书记。“我们可不能机械地复制别人的模式，而是要善于借鉴。最重要的其实是思考、规划和定位人生目标，然后用激情、自信和责任去践行。但无论在什么时候，请永远保持内心的执着与善良，坚守内心的淡泊和宁静，像水一样厚积薄发，才能奔流到海。”

这位同学的分享体现了一种传承，也教会新生最重要的是思考，借鉴别人的经验之后要转化为适合自己的模式，去实现自己的精彩。

三、同侪示范的内涵解读

（一）同侪示范的可行性分析

“同侪示范”活动是我校重要的校园文化品牌活动之一，它提倡“全明星”概念，鼓励“学习与被学习”。同侪示范一方面促进学生阳光自信，激发学生发现优点，培养特长，使每一个学生都成为被学习的对象；另一方面提倡营造健康谦虚的学习环境，鼓励学生向他人学习。

“应数之星”是同侪示范的一个典型应用，每一颗“星”都是在某一方面学有所长，而不是面面俱到的能人，这让同学们能够找到与自己相似的“星”去学习，具备可参照性。同时，也可以激发同学们成为下一颗“星”的信心，从而努力奋斗。

“学长学姐心语分享会”让学弟学妹们看到他们眼中的佼佼者曾经也都和他们一样，在迷茫徘徊中成长，在汗水与努力中蜕变。学长学姐们的真诚表述和动情分享，给新生们即将拉开帷幕的大学生涯增添了一份美好色彩，激励他们为自己的大学生活画下美好的篇章。

“同侪示范”活动还有其他的载体，如新生辅导员助理制度、选拔高年级优秀学生担任新生班主任助理、选拔高年级优秀学生对应指导新生宿舍协助宿舍管理等。充分挖掘学生中的典型事迹，通过校报、网页、宣传栏、宣传册、事迹展板等方式大力宣传以及在各项学生活动的策划中体现“同侪示范”。

（二）同侪示范的意义

2004 年 10 月 14 日中共中央、国务院发出《关于进一步加强和改进大学生思想政治教育的意见》(以下简称《意见》)。《意见》指出，加强和改进大学生思想政治教育的基本原则是：坚持教育与自我教育相结合。既要充分发挥学校教师、党团组织的教育引导作用，又要充分调动大学生的积极性和主动性，引导他们自我教育、自我管理、自我服务。同侪示范是在学校教师、党团组织的教育下树立大学生榜样，通过榜样的影响充分调动其他大学生的积极主动性，这种学生之间的相互影响能够促进学生进行自我教育、自我管理、自我服务，从而做到间接的思想教育。

榜样教育理论具有如下内在机制：个体发展的差异性与自我反思和主观能动性之间内在张力的形成必须借助榜样示范活动与学习者的行动之间共同构筑的生活世界。以共同构筑的生活世界为基础，通过人所特有的社会心理特征——模仿心理，榜样示范活动与学习者的行动之间达到一种动态均衡。同侪示范将学生的模仿心理利用得恰到好处，在榜样与普通同学之间存在的差别之中不断模仿。人总是有不自甘落后的心理，通过这样的相互影响，更多的学生在思想、行为等方面将不断完善。这样一来，大学生教育管理体系亦随之不断完善，其过程是一个相互促进的过程。

“同侪示范”为广大学子打开了正能量传播的新篇章，以这种多元化的教育方式促使学生思想教育工作更好地展开并且能够提高教育管理成效。用数学符号“+ ∞”表示同侪示范作用的区间，那么其带来的促进作用是没有上限的。树立贴近每个大学生的“同侪示范”能够使大学生有更具实效性的榜样，同时也增强了教育管理的实效性，“同侪示范”系列校园文化活动向我们展现了其可操作性和实用性，可以在同类高校中加以推广借鉴。

第六节　小组工作模式在大学生教育管理中的应用

随着社会的不断发展，我国高校在大学生教育管理方面的问题日益突出，教育管理客体的变化导致多种矛盾的出现，这些问题的解决就成为目前高校管理人员的主要研究内容。作为一种新的教学模式，小组工作在西方发达资本主义国家得到广泛应用，并取得了不错的效果。为此，以小组工作模式在大学生教育管理中的应用为研究对象，结合我国大学生教育管理的实际情况，分析该模式在我国大学生教育管理中的使用领域，提出小组工作模式中需注意的问题，从而提高小组工作模式在大学生教育管理中的应用效果。

一、小组工作模式的概念

小组工作模式对人数的限制并不绝对，两人或两人以上的群体都可以称为小组，小组工作模式的内容较为丰富，在教育学领域关于小组工作模式的概念并未统一（在界定方面并不唯一），然而，当把小组工作模式与日常工作与学习相结合来看时，可以将其做以下理解：小组工作模式的主要参与者是社会中的独立个体，由于存在某种共同的需求和目的，这些相互独立的个体之间形成了某种必然联系，在解决问题的过程中，增强了个体所具有的社会功能，进而达到不同个体之间的共同目标，这就是小组工作模式。

二、大学生教育管理的基本内容

目前，我国大学生教育管理的基本内容主要包括思想政治教育、人生价值观教育、心理健康教育、行为规范教育四个方面。

（一）大学生的思想政治教育

思想政治教育是指通过某一群体大部分成员约定俗成的思想观念、政治观念与道德规范，对群体中所有成员进行有目的、有计划、有组织的影响，进而使群体成员参与的社会实践活动符合主流思想观念的要求。对于大学生思想政治教育来讲，其目标是学习马克思列宁主义、毛泽东思想、邓小平理论、“三个代表”重要思想及科学发展观等理论，使大学生成为新时期的“四有”新人，满足我国社会主义现代化建设对大学生在思想方面的基本需求。

（二）大学生的人生价值观教育

受改革开放的影响，我国大学生的生活环境较为复杂，多元文化的冲击与碰撞，极易导致大学生的价值观发生扭曲，社会发展过程中的社会体制与形态转变所产生的矛盾，是目前我国大学生所面临的主要问题之一。因此，帮助大学生重新认识其角色的本质，重塑其人生理想与价值观念，明确个人与社会、国家之间的关系，成为大学教育管理工作的核心，也是大学生全面发展的关键内容。

（三）大学生的心理健康教育

所谓心理健康，是指人具有正常的智力，在生活、工作和学习中表现出的积极情绪，并以此建立和谐的人际关系，塑造个人良好的品格与成熟的心理行为等。大学教育管理部门在关注大学生理论知识学习的同时，还应注重大学生的心理健康教育。对大学生心理健康状况的变化，应保持高度关注，并及时介入，避免大学生心理健康问题进一步恶化。

（四）大学生的行为规范教育

大学校园提供的生活、学习环境较为自由、宽松，在这样的环境中，大学生形成了积极、乐观、向上的心态，追求个性解放，对制度的概念较为模糊。然而，在实际生活中，大学校园这种高度自由的环境并不是普遍存在的，在大学校园中养成良好的行为规范有助于学生更好地适应社会生活。

三、当前大学生教育管理面临的问题

随着改革开放的深入进行，以及互联网技术与计算机技术的普及，大学生价值观的形成已经变被动为主动，大学生群体中出现了极端个人主义、享乐主义、拜金主义等不良思想。大学生思想观念、价值取向、生活方式等出现的变化，相关问题的出现导致传统教育管理理念已经无法满足当前大学生教育管理的需要。

（一）多元文化冲击下的传统价值观

改革开放实现了我国经济的快速发展，人们的生活水平得到提高，然而，对外政治、经济、文化交流的日益频繁，导致我国长期存在的传统文化不断遭到外来文化的冲击，传统价值观体系的影响力也在此过程中不断被削弱。例如，目前大学生在校消费水平不断提高，个人享乐主义、拜金主义盛行，缺乏吃苦耐劳精神，面对生活中遇到的各种挫折，容易自暴自弃、怨天尤人，传统价值观所倡导的艰苦奋斗、积极进取等已经逐渐被大学生所遗忘。

（二）以政治教育为主导的教育管理理念面临挑战

关于大学生思想政治教育工作，中共中央早在 2004 年《关于进一步加强和改进大学生思想政治教育的意见》中就明确提出，我国大学生应当热爱中国共产党、热爱祖国、热爱社会主义，拥护中国共产党的方针路线，维护我国改革开放所创造的稳定局面。在改革开放初期，面对复杂的国内、国际形势，及多元文化带来的冲击，我国大学生出现了阶段性的政治迷茫，个人理想、信念模糊，价值观扭曲，缺乏基本的社会责任感与诚信。虽然爱国，但不热爱政治，这种现象说明当前我国大学生思想政治教育所面临的窘境，这与我国长期以来枯燥的大学思想政治教育模式存在直接关系。

（三）以教师为主导的教育管理模式遭到挑战

在传统教学管理模式中，教师掌握了绝对的主动权，学生处于被教育、被管理的地位，虽然这种教育管理效果较好，但是，学生长期处于被“压迫”的状态，容易导致负面情绪积累，影响学生的身心健康发展。

在改革开放之后，大学生的个人意识有所加强，对大学教育管理工作中自身所处的被动地位提出抗议，希望获得公平对待，但如果大学生的这种主人翁意识得不到正确引导，会导致大学教育管理工作陷入混乱，教师的主导地位也将丧失。

四、小组工作模式在大学生教育管理中的应用

小组工作模式与大学生教育管理管理之间并不存在直接关系，然而，在大学生教育管理工作中，科学运用小组工作模式，能够提高教育管理效率，作为一种新的教育管理模式，小组工作模式的使用，为大学生教育管理提供了新思路，同时也使得大学生教育管理工作充满活力与生机。

（一）利用大学社团等小组工作模式提高大学新生的适应力

在进入大学初期，由于周围环境、教师和同学均比较陌生，以及生活、学习方式的改变，导致大学新生在大学生活初期存在适应上的困难。针对此情况，大学教育管理部门可以利用小组工作模式来使大学新生快速适应新的环境，如组织大学社团招新活动，使大学新生根据个人兴趣选择社团，利用社团活动来体现出小组工作模式的重要意义，使大学新生快速适应大学生活。或在大学新生群体中，将来自同一生源地的学生作为分组依据，利用大学新生在生活、习惯上的相似性，减轻大学新生的孤独感，使其快速融入大学生活。

（二）利用集体生活加强大学生人际关系网络建设

大学阶段的生活、学习，均以集体活动的方式存在，因此，在大学校园生活、学习中，学会适应集体生活，有助于在学生之间建立良好的人际关系。然而，目前大学生多为独生子女，个性较为孤僻，在人际交往方面缺乏锻炼，无法快速适应集体生活，在与人交往过程中难以掌握尺度。在大学生传统教育管理模式中，关于大学生人际交往能力培养的相关内容较少，大学生对人际交往能力提高的需求无法得到满足。在大学集体生活中，一般将大学生分为若干小组，在小组成员范围内，大学生可以充分发表个人感悟，并与其他成员进行分享。这种方式不仅能了解到小组中每一个成员各自的特点，还可以建立小组成员间良好的人际关系。除此之外，通过以小组工作模式为主要形式的集体活动，可以实现大学生人际关系网络不断扩大，这正是集体生活所具有的特点。

（三）在大学生就业指导过程中利用“传、帮、带”的小组工作模式

就业是大学生走向社会的途径之一，但是，由于大学应届毕业生在就业方面缺少经验，对于未来工作的选择存在一定的盲目性，大学生在就业过程中需要来自多个角度的建议与指导。除大学就业指导部门提供的就业信息与其他帮助外，利用“传、帮、带”模式是当前大学就业指导的主要模式之一，为更好发挥往届毕业生的作用，可以将往届毕业生设置为小组组长，利用社交网络平台组成就业指导小组，针对应届毕业生在就业过程中存在的疑惑，由往届毕业生进行解答，并指导应届毕业生完成简历制作，提示应届毕业生在应聘过程中需要注意的礼仪、就业政策等相关内容，利用所谓“过来人”的经验来指导应届毕业生走向工作岗位。

小组工作模式是大学生教育管理工作的一次伟大尝试，其灵活的教学模式、丰富的教学内容，以及良好的教育管理效果，在我国大学生教育管理工作中得到推广。然而，对于大学生教育管理工作来说，小组工作模式的能力是有限的，在分析我国大学生教育管理工作实际情况的同时，应结合多种教育管理方法，使小组工作模式的效率达到最高。

第七节　项目管理理论在大学生创新教育项目中的应用

党的十九大报告把科技创新摆在了突出位置，强调科技创新是提高综合国力的核心支撑，高校是开展科研创新的重要客体之一。大学生创新项目作为高校科研与创新的重要组成部分，其立项数量的多少和完成质量水平的高低直接体现了这所高校的实力和管理部门管理的能力和水平。但一些高等学校在单位工作侧重点的影响下，并没有充分重视大学生创新项目的组织及其管理工作。为了保证大学生创新活动的顺利开展，确保创新成果的顺利转化及其成本的降低，应该针对现有的管理模式进行探讨和革新，将项目管理理论应用于高校的创新活动管理中，可以有效地解决目前高校在进行大学生创新组织与管理中存在的诸多问题。

一、大学生创新项目存在的问题及分析

长期以来，普通高校的大学生创新活动管理工作相对简单，由于专职指导教师师资处于相对缺少的状态，其大学生创新活动的组织与管理更多时候往往偏向于传统的上传下达式的管理工作，在管理过程中在一定程度上存在着不重视质量控制的做法，这导致了大学生创新活动的组织和管理工作存在以下问题：

（一）重视立项而忽视管理

管理人员忙于立项而对项目立项后的管理缺乏持续跟进，并且管理模式不结合科研的特点，存在各环节之间独立分割、管理分条块、缺乏整体管理意识的问题。此外，激励与

惩罚制度不健全，并且结题管理也不规范。多数高校考核大学生创新项目以申请到多少项目、经费数额、结题数量作为主要指标，对项目进展过程的管理存在轻视的现象。

（二）经费不足且管理不合理

多数高校有设立具体数额的科研经费，但对于大学生创新项目的经费设立不足，很多时候这些经费也不能百分之百地落实到位，这就使得许多大学生创新项目难以开展。

（三）协调管理机制欠缺

大学生创新项目的复杂性和特点决定了完成一个项目需要高校各部门之间协作，同时在项目执行过程中有许多未知因素，大学生创新项目的最终完成需要将具有不同经历及组织的人员加以协调。部分高校的现状是管理活动过程中缺乏对项目质量、进度及成本控制的重视。

二、项目管理在大学生创新项目管理过程中的应用

尽管项目管理在很多领域已广泛应用，但是大学生创新活动是一项复杂的系统工程，受很多不确定因素的影响，高校只有明确自身目前在大学生创新项目管理中存在的问题，才能将项目管理理论应用到大学生创新项目的管理过程中。在应用项目管理理论到大学生创新项目的管理中需要注意以下几点：

（一）大学生创新项目的质量管理

完善、规范大学生创新项目的管理是保障科研项目质量的保证。用完全量化的方法来衡量创新成果是不太现实的，因此只能是采用定量和定性的方法来进行测量，本节仅从定性的角度进行阐述。高校应做好以下几方面的工作：首先，管理人员需要具备服务的意识，转变传统的管理观念。项目管理理念要求在进行科研管理时要把整个大学生创新项目进行分解、量化，以便进行计算、调整和执行，因此，应用项目管理进行高校的大学生创新项目的管理，需要管理者树立服务的理念摒弃传统的管理观念。其次，应加强管理制度建设。在应用项目管理进行大学创新项目的管理时其基础是制度的建设。高校应根据自身特点建立相应项的目管理规范，并在进行应用的过程中进行完善。通过管理的制度建设，使高校大学生创新项目实施管理过程做到有理有据。再次，应加强管理人员的培养。应用项目管理于高校的大学生创新项目的管理之中的关键是管理人员能够利用项目管理理念来管理大学生创新活动，这就需要有一批熟悉业务的专职工作者，并且相应的项目参与人员也应熟悉和掌握相应的管理知识。最后，利用现代信息管理技术促进项目管理在大学生创新项目的管理中的应用。现代信息技术是项目管理技术发展的重要支撑，大学生创新活动的管理者可以依据自身实际情况建设相应的管理系统，在管理的过程中应用各种项目管理系统，通过管理系统进行统一管理。

（二）大学生创新项目的进度管理

进度管理是项目管理的重要组成部分，大学生创新项目尤其是国家级、省部级项目一般周期长，如果没有明确的进度计划严格按照计划进行控制，那么项目很难取得成功。当然，由于大学生创新项目的自身特性，创新项目的活动排序及进度控制难度比较大，为了加强高校对大学生创新项目进度的控制，应做到以下几点：首先，大多数高校创新项目的组织形式是矩阵型组织，这种组织一般情况下为弱矩阵型组织。在这种组织中，项目负责人一般权力不大，而项目成员来自不同的部门，各自成员较难了解整个项目，这就导致了项目的开展很不利，从而出现项目延期的情况，这就影响了项目的如期完成。因此，在大学生创新项目的管理中，项目的组织形式应该由弱变强，应赋予项目负责人及其团队成员更大的自主权和决定权以确保项目能更顺利地进行及如期地完成。再次，在制定项目进度管理规范时，应把项目进度管理理论融于项目管理之中，对项目整个进行过程进行进度测算，编制详细的进度计划，确保项目进度的科学性、规范性、客观性和可操作性。最后，在项目有效推进的过程中，项目负责人及项目监管者要按时、及时将项目的实际进度和计划进度进行比较，一旦发现偏差，立刻查找原因并进行偏差的纠正，最终实现大学生创新项目的管理活动全过程管理与控制。

（三）大学生创新项目的成本管理

在部分高校，大学生创新的成本得不到有效的管理，管理者很难评价创新活动的成果；同时，大学生创新项目需要来自诸如政府、企业、社会外界等的支持，如果成本控制过于严格就会限制项目参与人员的灵活性和创造性，而过高的成本则与有限的项目资源相矛盾，高校要降低科研项目成本，应注重以下几个方面的工作：首先，增强成本控制意识，加强管理人员相关成本控制方面的培训。其次，分阶段分等级实施成本控制管理。大学生创新项目是一个系统的、完整的工程，项目管理的阶段划分为大学城创新项目的成本控制提供了基础。再次，优化大学生创新项目过程。在保证项目成果的前提下，运用现代项目管理理论、现代信息技术及系统工程方法等对大学生创新的所有活动的各项成本进行计算、分配和控制。最后，建立健全经费使用检查和监督机制。学校有关部门应该联合对大学创新项目经费使用进行检查和监督，杜绝一切经费的不合理使用和浪费，甚至是违法行为的出现，确保项目经费能有效利用。

高校是我国科研创新领域的主要力量，是实现“中国梦”的重要保障，大学生创新活动是高校创新板块的新兴理论。但长久以来大学生创新项目的管理一直存在诸多问题，这些问题直接关系着我国科技进步和科技创新等方面的发展，本节将项目管理理论应用于高校大学生创新项目的管理之中，希望能为项目管理理论在高校大学生创新项目管理中的应用提供一定的借鉴及参考。

参考文献

[1] 刘宇，虞鑫，许弘智等．“双创”背景下创新教育的实践、效果与机制研究 [J]. 现代教育技术，2015，25(11)：106-112.

[2] 陈从军，姚健．双创背景下高校辅导员工作的思考与探索 [J]. 科技创业月刊，2016，29(13)：64-65.

[3] 刘国余．会计双语课程柔性教学模式探析 [J]. 商业会计，2016(24)：119-121.

[4] 杨思林，王大伟，唐丽琼，等．“双创”背景下高校课程考试改革的思考 [J]. 教育教学论坛，2016(46)：77-78.

[5] 许彩霞．创新创业背景下应用型高校人力资源管理专业实践教学体系改革研究 [J]. 鸡西大学学报，2016，16(4)：23-26.

[6] 马一铭．大学生自主创业的困境与对策分析 [D]. 西安理工大学，2015.

[7] 黄杰．“许昌模式”背景下大学生创新创业教育模式探索 [J]. 决策探索，2016(18)：38-39.

[8] 孙海英．“双创”背景下文科大学生创业现状、机遇及对策分析 [J]. 成都航空职业技术学院学报，2016，32(4)：15-18，22.

[9] 张格，高尚荣．以高职生学习动力机制为导向的高职教育教学改革 [J]. 江苏科技信息，2016(34)：37-39.

[10] 吴颖珊．高校教育教学改革的动力机制探讨 [J]. 重庆科技学院学报 (社会科学版)，2012(1)：165-167.

[11] 曹月盈．高校计算机基础教育创新教学模式探究：评《高校计算机教育教学创新研究》[J]. 教育评论，2017(5)：166.

[12] 荆媛，唐文鹏．新时代下高校思想政治教育教学方法创新研究：以主旋律歌曲为视角 [J]. 中北大学学报（社会科学版），2017，33(1)：65-68.

[13] 周湘林．以学生学习为核心的高校教师教学评价方法创新研究 [J]. 现代大学教育，2017(1)：93-97.

[14] 华宝元．教育管理学四大范畴视角下高校体育教学管理创新研究 [J]. 广州体育学院学报，2017，37(1)：107-109.

[15] 李小兵．互联网媒体视角下高校体育教学创新研究 [J]. 赤子（下旬），2017(1).

[16] 吴小川．高校音乐教育教学模式的创新研究 [J]. 魅力中国，2017(1).

[17] 王天恒 . 从毕业生质量追踪探究高等学校本科教学改革 [D]. 西南交通大学，2007.

[18] 王淼 . 我国高校教育改革模式研究 [J]. 教育现代化，2016，3(27)：284-285+288.

[19] 苗峰 . 高校课堂教学管理现状及对策研究 [J]. 兰州教育学院学报，2015.

[20] 李友良，何勇 . 高校教学管理信息化的现状及对策 [J]. 教育与职业，2015.

[21] 柳亮 . 高校教学管理人员继续教育现状及对策 [J]. 继续教育研究，2014.

[22] 王廷璇 . 浅析高校教学管理现状及改革对策 [J]. 新西部旬刊，2011.